Titel: Gato – zwischen Palmen und Müllschleppern

Autor: Manfred Stumpner

Kontakt: gato.ecu@gmail.com

2. Auflage 2012

Herstellung und Verlag:

Books on Demand GmbH, Norderstedt

ISBN: 9783848202478

gewidmet: den arbeitenden Kindern auf den Straßen Sto. Domingo de los Colorados / Ecuador.

Danke an: Alle die dieses Buch ermöglicht haben!

VORWORT

Ich bin weder Goethe noch Schiller, aber dennoch habe ich eine Geschichte zu erzählen – wer also in diesem Buch nach literarisch hoch anspruchsvollen Texten sucht, sucht vergeblich und kann das Buch wieder zur Seite legen.
Wer jedoch nach Abenteuer, Idealen, Gefühl und Werten sucht bzw. nach Wegen diese zu verwirklichen, sollte weiter lesen, denn all das beinhaltet die Geschichte meines Südamerika Aufenthalts in Ecuador, bei den Müllschleppern der Stadt Sto. Domingo de los Colorados.
Ich hoffe in diesem Buch alles so authentisch wie möglich wiedergegeben zu haben, und wünsche viel Spaß beim Eintauchen in meine damalige Welt.....

GATO[1] - ZWISCHEN PALMEN UND MÜLLSCHLEPPERN

Tatsachenbericht über meinen Zivilersatzdienst[2], den ich in Südamerika/Ecuador gemacht habe. Dieses Dokument soll Leuten helfen sich zu orientieren bzw. zum Nachdenken anregen, weshalb die Welt ist wie sie ist, und ob wir bzw. was wir daran ändern können. Dieser Bericht reicht von Anfang bis Ende des Einsatzes, und darüber hinaus, inwiefern es eben wichtig ist im Bezug auf den Einsatz - als Basis dienen meine zwei Kalenderbücher, mein *persönliches Tagebuch*[3] und meine **Aufzeichnungen für die Berichte**[4]. Kapitel 1, 2, 4 und 5 laufen chronologisch ab – Kapitel 3 wird in Kurzgeschichten erzählt, um die einzelnen Handlungen im Ganzen und zusammenhängend zu erzählen.

Dieses Buch entsteht aus der Überlegung jungen Leuten, die sich engagieren wollen, eine Hilfe sein zu können und um die Vorstellungskraft zu stärken, wie ein Einsatz im Ausland aussehen kann – klar dabei ist, dass sich jeder Einsatz in einem Sozialprojekt anders gestaltet.

---

1   El gato (span.): der Kater – wegen meiner Augen gaben mir die Kids diesen Spitznamen (helle Augen)
2   in Österreich gibt es für den Präsenzdienst 3 Möglichkeiten (1.Bundesheer, 2.Zivildienst, 3. Zivilersatzdienst)
3   Einträge aus dem persönlichen Tagebuch, die in das Buch übernommen wurden, sind kursiv geschrieben
4   Einträge aus den Aufzeichnungen für Berichte, die in das Buch übernommen wurden, sind fett geschrieben

INHALT

1   **VORBEREITUNG**

        Die Idee   6
        Die Organisation   9
        Vorbereitungsseminare und deren Inhalt   11
        Der Abschied   16

2   **ANKUNFT**

        Kennenlernen   19
        Auf los geht' s los   30
        Umsetzung   36
        Abschied   38

3   **DIE GLORREICHE ZEIT**   43

        Vom Leben in einer anderen Gesellschaft   44
        Das zerrissene T-Shirt   53
        ...und was denkt Pablo?   56
        Das spanische Silber und das Haus im „Che"   60
        Die Spanierin   65
        Armbänder für Österreich   67
        Rafael der Künstler   70
        Badeausflug   72
        Meine Eltern zu Besuch   76
        Die Droge „zu Helfen"   79

4 DAS ENDE

Verlassen von allen „guten" Geistern?	82
Alles aus?	85
Medienrummel	88
Busfahrten, die den Tod bringen	91
„Charlie"	94
Die Abschieds-Reise	96

5 ...UND WIEDER ZUHAUSE

was sich Zuhause alles abspielt	103
Über den Blödsinn der einem erzählt worden war	105
wenn die Arbeit anfängt	106
was inzwischen in Ecuador abläuft	107
...und was habe ich dabei gelernt?	108

1 VORBEREITUNG (VON 15 BIS ZUR ABREISE)

DIE IDEE

**ALS ICH ZUM ERSTEN MAL VON DER MÖGLICHKEIT HÖRTE /
WIE SICH MEINE IDEALE ENTWICKELTEN UND ICH DIE SCHNAUZE PLÖTZLICH
VOLL HATTE IMMER NUR ZU REDEN**

Die Idee ins Ausland zu gehen, und unterprivilegierten Menschen zu helfen, ist eine meiner ältesten Ideen. Sie reicht sogar zurück bis in mein Volksschulalter – dennoch: eine ernste Form anzunehmen begann diese Idee erst mit 15 Jahren. Ich erfuhr in diesem Alter zum ersten Mal von der Option, eines Präsenzdienstes in Form des Zivilersatzdienstes im Ausland. Damals begann ich mich über den Zivilersatzdienst zu informieren so gut ich konnte. Aber wie das eben so ist mit 15 – es wäre gelogen, wenn ich hier niederschreiben würde, dass ich in diesem Alter schon alles zu organisieren begann. – Außerdem ist auch klar, dass genau zu diesem Zeitpunkt natürlich viel passierte. Emotional und schulisch war ich auf einer Achterbahnfahrt unterwegs. Das möchte ich aber auch gar nicht näher erläutern, weil es mit der eigentlichen Geschichte nichts zu tun hat.
Fakt ist, dass das Thema sozusagen ein „Schläfer" war, der dennoch bei meinen wöchentlichen Ausgehtouren ständig anwesend war. Dieses Thema wurde von so manchem Zuhörer als „Schnapsidee" oder „Traumtanz" interpretiert. - Wenn mir auch viele Menschen nicht glaubten – für mich war es längst beschlossene Sache, einen Einsatz im Ausland zu machen, obwohl kein „Masterplan" bestand.
Mich beschäftigte nun eher, dass ich keine Ahnung hatte „WAS" bzw. „WIE" ich denn helfen sollte – aber mir wurde bald darauf bewusst wie....

Ich war noch keine 18 Jahre alt, als mich ein Leiter der Pfadfinder - Organisation, in der ich seit ich mich erinnere Mitglied bin, anrief und fragte, ob ich ihm nicht als CO-Leiter assistieren könne, da er beruflich immer weniger Zeit hätte. - Ich ließ mich nicht lange bitten und willigte sofort ein.

Im Nachhinein muss ich gestehen, dass ich anfangs natürlich sehr überfordert war, aber es gefiel mir mit Jugendlichen zu „arbeiten" – auch wenn ich selber noch einer war. Vielleicht verstand ich mich aber auch genau deswegen so gut mit den Kids, weil ich wusste was sie fühlten – ich wusste nur allzu gut, dass die Schule Scheiße sein konnte und was die Hormone mit einem „aufführen".

Jedenfalls blieb ich Leiter bis zu meiner Abfahrt. Während dieser Leitertätigkeit wurde mir bewusst, dass ich mit Jugendlichen arbeiten wollte - die nötige Basis für die Arbeit mit Jugendlichen vermittelte mir die Pfadfinder - Organisation.

Als ich mit 18 aus persönlichen Umständen die Schule wechselte, nahm auch der schulische Druck ab, und ich fühlte mich wieder etwas freier in meinem Denken. Dennoch dachte ich mir: „Bald steht die „Stellung[1]" an und ich hab noch immer keinen Platz im Ausland. - Bin ich also auch einer von denen, die ständig nur reden?" Und gleich darauf: „Nein! – für mich ist es doch längst beschlossene Sache!"

Gut – vor der Stellung konnte ich nichts mehr machen, mir waren zu wenige Informationen zugänglich. Überall gibt es immer dieselben, nicht aussagekräftigen Informationsblätter und bei öffentlichen Stellen, die eigentlich Bescheid wissen müssten, war man anscheinend noch dümmer als ich. Hier wusste man teilweise nicht einmal was denn Zivilersatzdienst überhaupt sei. - Also konnte ich auch nicht direkt bei der Stellung mit einem Briefchen[2] von einer Organisation auftauchen – ich hatte ja noch keines.

Ichmeldete mich also aus Jux zu den „Jägern" nach Freistadt. Ich wollte auf keinen Fall Zivildienst machen, wenn ich ihn nicht im Ausland machen durfte.

Daraufhin machte mir jedoch ich selber mehr Druck eine passende Organisation zu finden.

Als ich eines Abends eine Fernsehsendung über ein Hilfsprogramm im Kongo sah,

---

1 Musterung zum Präsenzdienst (für österr. männl. Jugendliche)

2 gemeint ist eine schriftliche Anforderung einer Trägerorganisation

loggte ich mich sofort ins Internet ein um diese Organisation zu suchen. Gleich darauf schrieb eine Email um einen Termin auszumachen. - Die Organisation nannte sich AHP und ich bekam auch bald schon Antwort bzgl. meiner Anfrage – und so traf ich mich an einem Wochenende mit dem Vertreter dieser Organisation. Ich war beeindruckt wie dieser Mann, der offensichtlich im sozialen Bereich sehr viel Erfahrung hatte, über das Projekt, die Aufgaben, aber auch von den Gefahren, die sich ergeben, und dem, was er selber erlebt hatte, sprach. Beeindruckt hat mich auch die Ruhe, mit der er in so weniger Zeit wusste, so viele Geschichten, über das Leben in einem anderen Kontinent, zu erzählen. - Ich wollte mit dieser Organisation meinen Zivilersatzdienst machen! - Wie sich herausstellte, waren die Einsatzgebiete zu gefährlich, als dass man Zivilersatzdiener hätte hinschicken können. Im Klartext heißt das: Weitersuchen!

Zunehmend wurde mir auch der finanzielle Faktor bewusst, der alles gefährden konnte. Mein Problem war, dass ich immer noch nicht wusste, in welchem (finanziellen) Bereich sich das ganze abspielen sollte – d.h. ob es auch für mich möglich war, einen Zivilersatzdienst zu machen. Idealismus hatte ich genug, aus Geld machte ich mir nichts, vielleicht auch weil ich nie wirklich viel hatte, aber anscheinend fehlte es mir.

Ich kam zu der Ansicht, dass das Internet zwar nicht viele Informationen über dieses Thema bot, aber immer noch eine bessere Hilfe war als offizielle Stellen, die meine Absichten eigentlich kalt ließen. Ich holte mir also meine Informationen aus dem Netz und baute auf diese. Langsam wurde mir aber klar, dass ich schneller werden musste, denn bald hatte ich meine Schulausbildung abgeschlossen, und die Kaserne in Freistadt sah ich schon in der Ferne winken.

DIE ORGANISATION

WIE ICH ZU J1W[1] KAM / ÜBER J1W /
WAS MIR AUF DEN SACK GING, UND WAS MIR GEFIEL

Eines Abends, als ich mich wieder einmal durchs Internet „zappte", stieß ich auch auf die Homepage von „Jugend Eine Welt" - eine kirchliche Organisation, die freiwillige Jugendliche in alle Teile der Welt als „Volontäre[2]" verschickt. - Nun gut, „kirchliche Organisation" hat mich zugegebener Maßen zuerst etwas abgeschreckt, nicht zuletzt deswegen, weil ich selber nicht von sehr „kirchlicher" Natur bin, und ich außerdem der Meinung war, dass die Kirche sowieso nur eine korrupte Sekte ist. Dennoch dachte ich, dass ich eventuell eines besseren belehrt werden könnte, wenn ich nur die richtigen Leute kennenlernen würde. Deswegen beschloss ich dann auch ein Email an J1W zu schreiben – rein informativ, sozusagen. - Frei nach der Devise: Fragen kostet nichts.

J1W ist, wie gesagt, eine kirchliche Organisation in Österreich (vom Salesianerorden[3]) mit Sitz in Wien. Die Salesianer wiederum haben auf dem gesamten Globus Sozialprojekte aufgebaut – heute v.a. In Entwicklungsländern. Im speziellen hat sich ihr Begründer „Don Bosco" Jugendliche (in problematischen Verhältnissen) zur Aufgabe gemacht. Konkret heißt dies: er hat in Turin Mitte des 19. Jhdt. Kinder und Jugendliche auf der Straße mit einer Art Sozialprogramm betreut. - Später gründete er einen Orden und „verschickte" seine „Brüder" in die ganze Welt. - Heute ist es möglich, als Volontär, bei den Salesianern mitzuarbeiten bzw. in einem ihrer Sozialprojekte rund um den Globus mitzuhelfen.

Die Philosophie setzt vorwiegend auf Präventivarbeit mit den Jugendlichen, was im

---

1 Jugend Eine Welt
2 freiwillige Jugendliche die in Projekten mitarbeiten
3 kath. Orden

wesentlichen soviel heißt wie: mit einer bedrohten Gesellschaftsschicht die dem „Absturz" nahesteht zu arbeiten und dadurch diese zu schützen – soll heißen zu helfen, dass sie eben nicht „abstürzt".

Das alles kann in verschiedener Literatur genauer nachgelesen werden, für diese Geschichte sollte diese Kurzform zur Erklärung reichen („Das Leben Don Boscos", „Präventivarbeitsweise der Salesianer" , ...etc.).

J1W hat mich dann kontaktiert, um mich zu einem Interessententreffen einzuladen, dass in Wien stattfand. Dieses Interessententreffen wurde sehr interessant und auch informativ abgehalten. Somit war ich mir sicher die Richtige Organisation für mein Vorhaben gefunden zu haben.

Das Treffen selber fand noch in meiner Maturaklassenzeit statt (im Wintersemester) und war der erste Schritt in Richtung Vorbereitung, die ich bei J1W durchlaufen sollte.

Ich entschied mich, die Vorbereitungsseminare erst im folgenden Herbst zu absolvieren, da ich meine Konzentration auch für meine bevorstehende Matura benötigte.

Die Organisation an sich gefiel mir, trotz des bitteren kirchlichen Beigeschmacks, zumindest nach dem ersten Eindruck, den ich bekam.

VORBEREITUNGSTREFFEN UND DEREN INHALT

WIE LÄUFT SO ETWAS AB / KONKRETE THEMEN

Ohne die Vorbereitungsseminare ist es bei „Jugend Eine Welt - Don Bosco Aktion Austria" nicht möglich den Zivilersatzdienst zu machen (eine, wie ich finde, gute Maßnahme, dass niemand unvorbereitet in diesen neuen Lebensabschnitt geht). Das erste Vorbereitungstreffen fand dann im Oktober 2004 in Unterwaltersdorf statt (an einem langen Wochenende). Es befasste sich mit der Lage des Zivilersatzdieners bzw. der Volontäre. Hier bekam ich auch medizinische Infos bzw. genauere organisatorische Infos. Die meisten Einsatz - Projekte wurden vorgestellt, und es passierte schon eine vorübergehende Einteilung zu den jeweiligen Projekten. Diese vorübergehende Einteilung sah bei mir so aus, dass ich grundsätzlich zu einem technischen Ausbildungsprogramm nach Ghana kommen sollte. Weil der Projektpartner im Einsatzland ein anderer war als in den Jahren zuvor, und ich meine Prioritäten auf den Ausreisetermin (Februar 2005) legte, wurde als Alternative ein Straßenkinderprojekt in Kenia vereinbart. Das heißt im wesentlichen, dass die Einsatzländer spezifisch auf die Ausbildung der Person, und natürlich mit dem Einverständnis der Person, gewählt werden.

An diesem Wochenende wurde auch das Erste Mal das Spenden Konzept, das den Einsatz im Normalfall finanzieren sollte, besprochen. Wie ich finde: zu wenig.

Die Zeit bis zum 2. Vorbereitungstreffen verlief langsam. Sehr langsam sogar, denn ich wollte ja wissen, wohin ich nun wirklich kommen würde.

Dass alles ganz anders kommen sollte, als ich es mir vorstellte, konnte mir auch in dieser Zeit leider niemand sagen.

Jedenfalls begann dann Mitte November, an einem Wochenende, diese 2. Zusammenkunft. Ich war gespannt, wie ein Jagdbogen, und erhielt nach einem

Gespräch mit Petrus[1], einen der gewaltigsten Motivationsdämpfer den ich je erhalten habe. Mir wurde mehr oder weniger mitgeteilt, dass das Einsatzziel Ghana für mich sowieso nicht mehr existieren würde und, dass sich außerdem aus Kenia eigentlich noch niemand gemeldet habe. Somit wurde eine neue Idee ins Rollen gebracht: Einsatz in Südamerika, in Ecuador.

Zeitgleich mit dieser Idee kommen bei mir sehr starke Zweifel gegenüber der Organisation auf. Ich sollte nun, 3 Monate vor meiner Ausreise, die ohnehin meines Erachtens schon sehr spät von mir angesetzt wurde, eine neue Sprache erlernen? Kann das funktionieren?

Mir gingen an diesem Wochenende zu viele Gedanken durch den Kopf als dass ich mich auf die eigentlichen Inhalte (Don Bosco) hätte konzentrieren können. Ich war sauer, und am liebsten hätte ich allen die dort waren, kräftig die Meinung gesagt. Warum hat mir das nicht schon früher gesagt werden können? Wir reden seit 1 1/2 Jahren von einem Einsatz, der sich 3 Monate vor meiner Abfahrt, als rein fiktiv herausstellt, was soll das?!?!?!

Ich kam nicht wirklich motiviert Zuhause an, aber ich habe wiedermal eines festgestellt: Erwarte nie etwas, denn: Erstens kommt es anders, und Zweitens als man denkt. Also dachte ich: Mach dich daran diese Sprache, von der du noch nichts kannst, zu lernen.

Am darauf folgenden Tag war ich in Linz unterwegs und besuchte 5 Sprachschulen und Kursanbieter. Die Bilanz des Tages: Einzelkurse (die ich suche weil alle anderen Kurse bereits begonnen haben - im Schulsemester -) sind teuer! Sehr sogar! Und ich bin nicht reich. Am Schluss des Tages rief ich noch bei einer Nummer an, die ich von der Uni hatte, und so baute ich zu meiner Spanisch-Lehrerin den Kontakt auf.

Meine Spanisch Lehrerin war Peruanerin und lebte damals seit 2 Jahren in Österreich. - Als ich den Sprachkurs mit ihr begann, wurde mir klar, dass ich mit ihr eine Basis für mein „Schaffen" lernen konnte – sie war nicht nur Spanisch Lehrerin für mich, sondern redete mit mir auch über die Verhältnisse, das Leben und die Leute in Südamerika – sie war für mich eine Art Indikator dessen, was ich bald kennenlernen sollte, und im Nachhinein betrachtet, brachte sie mir bzgl. Vorbereitung auf das Einsatzland

---

1   Salesianer Pater in Wien

eventuell sogar mehr als die Offizielle, der ich unterzogen wurde.
Das 3. Treffen fand Anfang Dezember (2004) statt.
Es wurde über den Kulturkonflikt, der im Rahmen eines Einsatzes entstehen kann gesprochen, und es wurden Referate "vorgetragen" (im gemütlichen Rahmen), die zuvor von uns ausgearbeitet wurden. Außerdem gab es eine Art "Sprachen-Check" und es wurden Vorverträge unterzeichnet.

> **Alles in allem nichts anstrengendes, ich frage mich nur was das mit dem "Sprachen-Check" sollte - ich denke, dass jeder selber weiß, wenn er eine Sprache kann. Außerdem frage ich mich, was erwartet wird bei einer Woche Spanisch-Unterricht? Zusätzlich denke ich, dass es, rein technisch gesehen, nicht mein Fehler ist, dass ich die Sprache noch nicht beherrschen kann. - Aber genug davon!**
> **Ich bemerke nun selbst immer mehr, dass ich mich entferne, und dass ich gedanklich schon in meinem Einsatzland bin - am liebsten wäre ich auch physisch schon dort. Und genau deswegen, weil nämlich dieses Gefühl Menschen, die einem nahestehen auch mitbekommen, hat meine Freundin direkt nach diesem Wochenende (Seminar), als ich am Abend zu ihr kam, einen Schlussstrich gezogen. - Für mich kam es überraschend - sehr sogar. Aber ich denke, dass ich diese Entscheidung verstehe (nicht zuletzt deswegen weil diese unumgänglich war) und finde auch, dass es sehr wichtig für sie war, dass sie diese Entscheidung getroffen hat. Außerdem glaube ich daran, dass wir die besten Voraussetzungen dafür haben, wirklich befreundet zu bleiben, da wir nicht im Zorn unsere Beziehung beendet haben.**

Im Laufe der nächsten Woche hatte ich natürlich wieder Spanisch-Unterricht. - Ich kam eigentlich sehr schnell voran, nur die Menge der Vokabeln machte mir Probleme. Ich setzte sehr viel Zeit und Energie auf diese Sprache und hoffte auch, dass ich sie bald einwandfrei beherrschen würde.
Ein anderes Thema waren die Impfungen. Ebenfalls in der Woche nach dem 3.Treffen

hatte ich mir die Impfstoffe besorgt, und begonnen mich gegen Gelbfieber (ca. 10 Tage davor, in der Landessanitätsdirektion Linz) bzw. Hepatitis A+B 1.Teil und Typhus (von einem Arzt meines Vertrauens) impfen zu lassen. Ich war nach diesen Impfungen ein oder zwei Tage etwas müde, weiß aber nicht ob das nur Einbildung war oder nicht - ansonsten verlief alles nach Plan.

Das nächste Thema, welches mir gewaltige Sorgen machte, war, neben dem Spanisch, die Sache mit dem Sponsoring. Bis Ende Dezember 2004 hatte eine Firma eines Bekannten eine Spende von 200 Euro gespendet.

Zu meiner damaligen Situation bleibt eigentlich nur noch zu sagen, dass ich erstens: hoffte zu meinem gewählten Zeitpunkt ausreisen zu können; und zweitens: dass die Sache mit der Sprache und den Spenden gut verlaufen würde. Wenn ich aber eines bereits jetzt gelernt hatte, dann ist es, dass hoffen relativ wenig nutzt, und man am Besten immer alles selber in die Hand nimmt.

Das entwicklungspolitische Seminar schloss die Laufbahn der offiziellen Einsatzvorbereitung ab und dauerte 5 Tage. Bei meiner Gruppe war dieses Seminar in der ersten Jänner-Woche. Obwohl das Seminar erst am Montag anfing, fuhr ich schon Sonntag Mittag mit 2 meiner Kollegen aus Oberösterreich nach Wien. Wir haben uns mittels Internet ausgemacht, dass wir (11 Leute aus meiner Vorbereitungsgruppe) in einer Wohnung in Wien zusammenkommen um dort die Nächte zu verbringen. Das heißt also, die Rahmenbedienungen fürs Seminar waren: 11 Leute in einer Wohnung und kollektive U-Bahnfahrten zum Seminarort. Nicht zu vergessen: die gemeinsamen Abende. Fazit: eng, aber auf eine eigene Art und Weise witzig und gemütlich.

Montag:
Nachdem wir also den Sonntag Abend gemütlich ausklingen ließen, begann dann um 9 Uhr Vormittag am Montag das Seminar. Konfliktbewältigung, Motivation für den Einsatz, Persönlichkeit und die Erfahrung mit Gott standen hier im Mittelpunkt. Diese ganzen Themen wurden an sich meiner Meinung sehr attraktiv gestaltet und noch dazu mitreißend und verständlich, dennoch fehlte mir ein bischen der "interaktive" Teil, an den wir doch während der anderen

Vorbereitungsseminare gewöhnt worden waren.

Dienstag, Mittwoch:

Die "Jungs und Mädels" von Südwind[1] haben uns die nächsten 2 Tage rund um die Themen Verteilung(sprobleme) von Ressourcen, Entwicklungsverständnis und - definition sowie Globalisierung informiert. Untermalt wurde das ganze immer wieder mit "interaktiven Teilen" wie zum Beispiel das Perlenspiel (Spiel bei dem es um die Frage der Verteilung von Ressourcen und der Gerechtigkeit geht), das "Globalisierungscafe", und andere. - Auf jeden Fall gut und einfallsreich gestaltet.

(auch zu diesem Zeitpunkt ergeben sich bei dem einen oder anderen Kollegen wieder Veränderungen bzgl. des Einsatzes).

Donnerstag:

Dieser Tag begann mit der Messe und ging weiter mit organisatorischen Informationen die sich verändert hatten.

Freitag:

Der letzte Tag des Seminars hat begonnen. - Und das Aufstehen war für manche von uns nicht gerade das Leichteste. Die heutigen Themen sind: Unterricht und Pädagogik, Animation, Gewalt in den Einsatzländern und wie immer am Schluss: Feedback.

Ich denke, dass man die Themen dieses Tages noch viel genauer durchmachen sollte, v.a. das Thema Gewalt in den betreffenden Einsatzregionen bzw. wie gehe ich damit (mit der Gewalt) um.

Freitag Abend fuhr ich dann noch nach Freistadt, um ein Winterlager mit meiner Pfadfindergruppe zu verbringen. Ich kam gegen Abend (20:00) Zuhause an und holte dann 2 der Mädels meiner Pfadfindergruppe ab, um mit ihnen auf das Winterlager zu fahren. Der Rest der Gruppe war schon am Vormittag nach Freistadt gefahren. - Ich danke allen die dabei waren und/oder mitgewirkt haben für dieses tolle, entspannende, letzte, gemeinsame Lager vor meinem Einsatz.

---

1   Entwicklungspolitische Zeitschrift

DER ABSCHIED

VON MEINEN LEUTEN, FREUNDEN UND ÖSTERREICH

Der Abschied von Zuhause dauerte bei mir im wesentlichen ein Monat und ergab sich aus meiner Einstellung das Leben zu leben wie es kommt.
Was ich damit sagen will ist, dass ich sehr viel und sehr ausgiebig mit meinen Freunden und der Familie den Abschied gefeiert habe. Es war nie ein Geheimnis, dass ich eine gute Party nicht sausen lassen konnte (bzw. wollte) und es mir außerdem immer gefallen hatte, wenn was „los" war. - Aus diesem Grund war natürlich auch klar, dass ich eine Abschlussparty gab, die sich gewaschen hatte. Eine Abschlussparty die sozusagen den inoffiziellen Einsatzbeginn für mich persönlich einleitete.
Auch wenn ich im letzten Absatz immer nur vom Abschied feiern schreibe, ist es doch so wie ein Freund von mir in das Buch schrieb, dass mir mein Bruder und meine Freunde schenkten: Wir feiern nicht den Abschied – wir feiern die geile Zeit die wir hatten!
Dennoch bestand die Abschiedszeit nicht nur aus feiern, sondern auch aus einem Vortrag und dessen Vorbereitung bzw. aus sehr viel Nachdenken.
Der Vortrag beschäftigte sich mit meinen Motivationen, die mich in ein so fernes Land trieben, bzw. der Vorbereitung, die ich durchlaufen hatte um das alles zu realisieren.
Den 2.Teil übernahm ein ehemaligen Zivilersatzdiener, der seine Erfahrung in Ecuador präsentierte.
Alles in allem verlief der Vortrag ganz gut, und brachte mir zudem auch weiteres Finanzierungsgeld für mein Vorhaben.
Ich denke, dass man bezüglich Abschied eigentlich nur noch schreiben kann, dass wirklich alles abgeschlossen sein soll. Das ist natürlich nur meine Sichtweise, aber ich schreibe das hier so ausdrücklich, weil ich klar machen will, dass man sich bewusst werden soll: Immer wenn sich jemand verabschiedet kann es das letzte Mal sein,

dass man sich gesehen hat, oder etwas gemeinsam hat. Deswegen müssen Abschiede meiner Meinung nach immer mit Emotionen zu tun haben. Mir persönlich war es zwar logisch bewusst, aber trotzdem konnte ich nicht immer etwas damit anfangen.
Und um auch dieses Kapitel, dass das Letzte ist bevor die Reise losgeht, abzuschließen, will ich noch festhalten, dass ich immer dachte, dass ich nicht weinen würde, wenn ich mich auf meine „große Reise begebe".
Mir wurde anscheinend plötzlich die Tragweite meiner Entscheidung, die ich ja schon so lange gefällt hatte, bewusst und als ich mich von meiner Mutter verabschiedete, begann ich die Tränen zu spüren, die von meinen Augen kullerten. - Ich wusste nicht was ich sagen sollte und deswegen sagte ich auch nichts.

Zum Abschluss dieses Kapitels schreibe ich hier noch eine Packliste der Sachen die ich nach Ecuador mitnahm, auf – Fernreisenden wird sie bekannt vorkommen, viele werden sagen, dass es sehr wenig ist was ich mitnahm – man sollte sich aber bewusst sein, dass es um einen Zeitraum von 16 Monaten geht und ich deshalb sowieso auf Sachen von Ecuador angewiesen war.

- 2 Hosen (eine Jean, eine Bundesheerhose) und eine Freizeithose (Kletterhose)
- 2 Pullover
- 1 Jacke
- T-shirts für 1 Woche
- Unterwäsche für 1 Woche
- Converse Schuhe
- Bundesheerstiefel
- Schlafsack
- Taschenmesser (Vielzweck)
- Feuerzeug
- Landkarte (Ecuador / Peru / Kolumbien / Venezuela)
- Waschkultur

- Pass
- Visumspapiere
- Impfkarte
- 1.Hilfe / Malariatabletten / Antibiotika / Wundsalbe
- Digitalkamera + Akkus + 2. Speicherkarte
- Kontaktliste (Ecuador + Österreich) - ausgedruckt auf Papier
- Ecuador Reiseführer (Lonely Planet)
- Fotos von Freunden+Familie+Exfreundin
- Fotos von Österreich
- ca. 100US$ Bargeld – aufgeteilt (kleine Scheine)
- Bankomatkarte (funktioniert auch in Ecuador – ich wollte keine Kreditkarte)
- Haube
- CD-MP3 Player + CDs
- Kaffeemaschiene
- Wörterbuch- Spanisch
- Collegeblock
- Tagebuch
- Badetuch + Handtuch
- 2 Kopien aller Dokumente in Plastikfolie eingeklebt – aufgeteilt auf Körper und Gepäckstücke

Das alles hat Platz in einem Bundeswehr Feldrucksack (60L), als Handgepäck hatte ich einen kleinen Rucksack mit. Die Praxis hat aber gezeigt, dass je weniger Gepäck man hat, man leichter und besser vorankommt – soll heißen: den kleinen Rucksack durch eine Umhängetasche austauschen.

Prinzipiell sieht man auch an meiner Packliste, dass ich nicht unbedingt zu 100% damit rechnete, dass ich abgeholt werde vom Flughafen in Quito, der Hauptstadt Ecuadors – ich hatte alles dabei, um mich auch alleine durchschlagen zu können.

2 ANKUNFT

1. Orientierungsmonat / 3 Monate Übergabezeit

KENNENLERNEN

ORIENTIERUNG IN EINER ANDEREN KULTUR, AUF EINEM ANDEREN KONTINENT MIT ANDERER SPRACHE / DER 1. MONAT - VOR DEM EINSATZ

Ich flog von Wien nach Amsterdam, und dann von dort über Bonaire und Guayaquil nach Quito. In Amsterdam las ich mir das erste Mal die Zeilen die mir mein Bruder, meine Eltern und meine Freunde auf die Reise mitgegeben hatten durch und, ich begann wieder zu weinen, obwohl ich auf keinen Fall mehr zurück wollte, oder schwerwiegende Ängste gehabt hätte. – Nein! – Ich denke einfach, dass mir mein Körper und Geist etwas mitzuteilen versuchte, dass mir zwar schon klar war, aber dass ich bis jetzt noch nie gespürt hatte! – Diese Menschen, an die ich zu dieser Zeit dachte, waren wichtig für mich gewesen und hatten – ob sie es wollten oder nicht – Anteil an diesem Auslandseinsatz genommen. Sie alle waren Grund warum ich ging und sind gleichzeitig Grund dafür wieder zurückzukommen. Keine Verträge können diese Macht ausüben, keine Staatsgewalt der Welt und schon gar nicht Dollars, die den Charakter verderben. Es sind einzigartige Personen aus Fleisch und Blut, die mit einem gelacht, geweint, gestritten und das Leben gelebt haben. Sie sind es die Menschen bewegen um die halbe Welt zu reisen, um etwas zu tun, und sie sind es auch weshalb eben diese Menschen auch wieder zurückkommen.
Und dann,...dann war ich auf einmal da – auf einem Kontinent, in einem Land wo ich nicht einmal richtig nach dem Klo fragen konnte. - Es ging alles einfach verdammt schnell – ich kam an, am Flughafen in Quito, der Hauptstadt Ecuadors, die auf knapp unter 3000 Metern liegt. Prinzipiell eine Stadt wie Innsbruck, zwischen den Bergen

eingebettet, aber 30 Kilometer lang – eben zwischen den Anden eingebettet. Ich kam an und verstand kein Wort bei der Einreise. Schon im Flugzeug musste ich eine Art Formular ausfüllen - für die Einreise . Gott sei dank hat mir dabei eine Ecuadorianerin, die ich am Flug kennenlernte, geholfen.

Und doch – alles lief glatt, und als ich aus dem „Magischen Tor" in Quito trat (wenn man in Quito vom Flugzeug in den Flughafen „entlassen" wird – nach Zoll und dem ganzen Scheiß – dann gibt es genau 1 Tor aus dem alle Angekommenen durchgelassen werden – das kann bei manchen Flügen in Stress ausarten, bei mir war nicht so viel los) standen auch schon 5 Leute da um mich zu begrüßen (wie ich sie erkannte? - sie hatten eine Österreichfahne auf ein A4 Blatt gemalt und brüllten lauthals umher). - Wie gesagt, alles verlief blitzschnell – ich hatte kaum Zeit zum Nachdenken und die Sprache die man rundherum sprach war weiter ein Rätsel für mich.

Die beiden Österreicher, die mitkamen um mich abzuholen, hießen Stefan und Michael – auf span. Esteban und Miguel. Sie nahmen mir mein Gepäck ab und auf ging' s nach draußen. Dort wartete eine „Camionetta" auf uns (Pick up Wagen – vom Projekt). Mein Gepäck wurde auf den Pick up geworfen, die 3 Ecuadorianer zwängten sich in die Fahrerkabine, und wir 3 Österreicher setzten uns auf die Ladefläche. - Auf ging's ! – Quer durch die Stadt bei 30 Grad und Sonnenschein. - Eben noch war ich in Schatten und Kälte gesessen (in Linz gab es sogar noch Schnee) und nun fuhr ich, auf der Ladefläche einer Camionetta, durch eine Südamerikanische Hauptstadt und die Polizei kümmert es nur wenig, dass ich nicht angeschnallt bin.

Während wir die Strecke vom Flughafen in die „Mi Caleta" (span. Mein Haus – slang), einer Art Straßenkinderherberge, fuhren, sahen wir ein paar Kids, die den einen Österreicher, der hinten am Pick up saß, grüßten. Er war ihr Educador (span. Erzieher). Das machte Eindruck auf mich, obwohl ich kein Wort verstand was er ihnen lachend zurief. Ob ich die Sprache jemals beherrschen würde? - Esteban und Miguel, die ich hier in der Hauptstadt traf, sagten „ja" und waren sich sicher. Ich war mir da noch nicht so sicher, aber bevor ich den Gedanken zu Ende denken konnte waren wir schon da und sprangen ab vom Wagen. Mit einem „Gracias!" bedankten wir uns fürs mitfahren (das verstand sogar ich). Die Ecuadorianer fuhren weiter.

Ich hatte keine Ahnung wo ich war. Miguel und Esteban brachten mich noch zu einem Telefon, um Zuhause anrufen zu können. Es klingelte zwar, aber es hob niemand ab (es war ca. 09:30 Vormittag also ca. 03:30 in Europa) und so begleiteten mich die 2 auf mein „Zimmer".

Es gab eine Regel, die auch ich einhalten musste: am Tag der Ankunft wird erst mal geschlafen (zwecks der langen, anstrengenden Reise und der Seehöhe der Stadt). Ich wollte zwar eigentlich nicht, aber bald sah ich ein, dass das wohl wirklich das Beste sei. Schlüssel gab es zwar keine für mein Zimmer, aber nachdem ich trotzdem sehr erschöpft war, schlief ich bald ein und schlief bis ca. 2 – 3 Uhr in der Früh des nächsten Tages.

Bis zum Frühstück konnte ich dann nichtmehr schlafen.

Beim Frühstück lernte ich Cesar, Giovanny und Fabricio kennen. Sie waren ecuadorianische Volontäre in der „Mi Caleta", alle zwischen 19 und 22 Jahre alt, aber im Grunde immer noch Kinder.

Die Kommunikation war Anfangs natürlich schwierig – um ehrlich zu sein, es war weniger als die gebrochene Sprache, die ich bei manchen Ausländern bei uns in Österreich beobachtete, und Englisch verstand sowieso keiner. Ich war also immer noch besser mit den paar Wörtern Spanisch unterwegs und – ganz klar – mit einer Art Zeichensprache (Not macht erfinderisch – und lernwillig: schon jetzt begann ich zu merken, dass ich mich viel besser zu konzentrieren begann wenn ich Spanisch sprach).

Nach dem Frühstück nahm mich Cesar mit nach „La Marin" , einem Jugendzentrum der Salesianer in Quito für Straßenkinder. Dort sammelte ich meine ersten Eindrücke der Jugendlichen und Kinder, mit denen ich zusammenarbeiten sollte. Ich merkte ganz klar, dass es leichter ist mit den Jüngeren zu kommunizieren bzw. zu spielen oder sie zu „beaufsichtigen" – wahrscheinlich weil man anscheinend gleiche Probleme hat (die Sprache) und deshalb gegenseitiger Respekt gewährleistet ist.

Die Älteren hingegen wurden schnell ungeduldig oder beleidigend wenn man etwas nicht verstand und so hielt ich mich erstmal fern von ihnen. Was für viele nicht glaubwürdig erscheinen mag ist, dass ich fast stündlich merkte wie es mit der Sprache bergauf ging.

Nachdem wir fast den gesamten Vormittag in „La Marin" verbrachten führte mich Cesar anschließend zur „Tola". Hier sollte ich, zumindest für das erste Monat, versorgt werden, und hier kamen auch fast täglich alle Projektmitarbeiter in Quito zusammen – somit auch die österr. Volontäre. Ich freute mich natürlich sie wieder zusehen.

Aber erstmal sollte ich den „Padre" (Ivano[1], Italiener) kennenlernen – ich kannte ihn schon aus Erzählungen und stellte ihn mir ganz anders vor als er dann wirklich war. Der Padre war ein italienischer Salesianer, der die Spitze der Teilprojekte in der Nordzone („Zona Norte") darstellte. Bildlich kann man sich einen älteren gut genährten Mann vorstellen.

Als ich kam begrüßte er mich gleich lauthals und machte ein paar Späße, bevor es zum Tischgebet kam und „kollektiv" gegessen wurde.

Der erste Eindruck den ich vom Padre hatte, war der eines Entertainers, der seine Leute sozusagen bei Laune hielt – anders gesehen natürlich auch ein rhetorisches Wunder, weil er Kommunikation beherrschte wie ich es bisher bei Keinem beobachten konnte. Für gewöhnlich lenkte er auch immer das Gespräch in die von ihm gewünschte Richtung. Das konnte er nicht zuletzt deswegen, weil jedem bewusst war wieviel „Macht" er im Projekt hatte. Das soll heißen, dass er solange von „Oben" keine gegenteilige Anweisung kam, das letzte Wort hatte in der Nordzone, und darum konnte es auch gefährlich werden, wenn man nicht auf seiner Seite stand – weniger für uns Österreicher als für Ecuadorianer. Wenn er wollte, dass man nicht mehr arbeitet, dann hat man auch keine Arbeit mehr und steht somit selbst auf der Straße. - Aber Anfangs sind einem diese Machtspiele noch nicht bewusst, und außerdem hatte ich genug zu tun, um mein eigenes Leben zu leben bzw. die Dinge des täglichen Lebens zu lernen.

An diesem Nachmittag lernte ich den Arbeitsplatz von Esteban kennen – am Terminal war ein Jugendzentrum für die arbeitenden Kinder in diesem Sektor. Dieses Jugendzentrum wurde von ihm und einem Sozialarbeiter betreut, ebenfalls dazu gehörte der gesamte Sektor des Busterminals. Wenn man diesen Busterminal sieht

---

1   Projektkoordinator des Projekts „Proyecto salesiano – Chicos de la calle / Zona Norte" salesianisches Projekt - Straßenkinder / Nordzone

und einem die Ausmaße bewusst werden, wird klar, dass 2 Leute diesen Sektor alleine nie vollkommen betreuen können. - Das spiegelt aber die Situation in fast allen Sozialprojekten (zumindest in Ecuador) wieder. - Chronischer Personalmangel. Nachdem ich auch hier einen Erstkontakt mit den Kindern hatte, ging es auch schon wieder weiter – und zwar Richtung Schule. Der „Chef" von Esteban lud mich auf einen Schulbesuch ein. Gemeinsam mit Esteban kam ich mit.

Wir kamen gerade rechtzeitig zur Pause, und sofort als wir das Schulgebäude betraten kam uns eine Horde, laut tobender Mädchen, entgegengelaufen und begrüßte uns. Sie waren die vom Projekt geförderten Kinder, die ein Stipendium erhielten. - Nicht alle Kinder dieser Schule waren vom Projekt gefördert, sondern eben nur diese, die auch gleichzeitig am Terminal arbeiteten, oder Familie (z.B. Schwester) eines am Busterminal arbeitenden Kindes waren.

Wir konnten uns kaum aus den Fängen der kleinen, liebenswerten Gören losreißen weil sie uns, als wir wieder gingen an T-shirt und Hose festhielten.

Es war für mich ein Ereignis sondergleichen, dass ich erleben durfte, und v.a. wusste ich nicht, was ich von all dem denken sollte.

Zu guter Letzt war noch eine Party, in der Wohnung die sich die österr. Volontäre in Quito teilten, angesagt. Das Wochenende hatte begonnen und es gab anscheinend genug zu feiern....

Trotz all der Sachen, die ich in dieser kurzen Zeit erleben konnte, blieb mir eigentlich nicht viel Zeit mir Gedanken über all das zu machen, und so lernte ich zwar in dieser Nacht einige neue Leute und nette Mädels kennen, trank aber auch zu viel Alkohol, und alles endete in einem fatalen Rauschzustand. Am nächsten Morgen (ja es war noch Vormittag) schummelte ich mich ungesehen in mein Quartier und schlief erstmal im Bett ein.

17 Uhr: es klopft laut an der Tür, ich wache auf und mein Schädel beginnt auf Kommando zu schmerzen (Scheiß Tropico[1]). Ich gehe zur unverschlossenen Tür und öffne. Vor mir steht ein Wuschelkopf auf langen Beinen und sagt: „Hola!" - mit einem breiten Grinsen im Gesicht. Ich kenne mich in diesem Moment überhaupt nicht aus, und weiß auch nicht wie mir geschieht oder was ich sagen sollte, bis sich herausstellt,

---

[1] billiger ecuadorianischer Schnaps, wird hauptsächlich im Hochland getrunken

dass der Wuschelkopf ebenfalls österreichischer Zivilersatzdiener ist und Thomas heißt, oder mit Spitznamen Rulo (span. Lockenwickler). Er schenkt mir „Lonas", die Schuhe des typischen Arbeiterkindes – als Willkommensgeschenk. Lonas sind Leinenschuhe mit Gummisohle die man sehr billig in ganz Ecuador kaufen kann und noch dazu angenehm zu tragen sind. Außerdem wird in Ecuador meistens Straßenfußball mit Lonas gespielt.

Jedenfalls holte er mich ab, und anschließend sind wir „Früchte kaufen" gegangen – Früchte kaufen in Ecuador ist anders als bei uns in Europa! Wenn tropische Früchte fast pflückfrisch geliefert werden, und eine Mengen- und Farbenvielfalt, die man nicht für möglich gehalten hatte, existiert, dann kann man einfach nur sagen, dass es eben anders ist.

Mit Mangos, Papayas, Avocado, Orangen u.v.m. gings dann wieder zurück in die Wohnung der Österreicher, „la casa ausriaca" (span. Das österr. Haus), wie es allgemein genannt wurde.

Dort sah ich zu, wie Thomas, der gerade aus Sto. Domingo de los Colorados kam, die Früchte zubereitete. Ich bekam schon richtig Lust sie zu essen und unterhielt mich gut und viel mit ihm. Nach ein paar leckeren Spagetti ging's dann auch für mich wieder zu meinem „trauten Heim", der „Mi caleta".

Und nun begannen die ersten Magen-Darm Beschwerden, vor denen wohl niemand auskommt in Lateinamerika – Durchfall!

Ich hatte mich zwar darauf eingestellt und zur Vorbeugung v.a. im ersten Monat immer in der Früh beim Schnaps aus Österreich genippt, aber trotzdem hat mich sozusagen der „Schnellscheiß" erwischt. Eigentlich war das auch gar nicht so schlimm, denn es war zu kontrollierender Durchfall und zur Standardausrüstung, die ich immer mit mir führte, gehörte sowieso Klopapier.

Das heißt also, nach einer etwas unruhigeren Nacht, ging es dann Sonntags ins Einkaufszentrum. Ja ihr lest richtig: Sonntags! Ladenöffnungszeiten in Ecuador sind einfach ein eigenes Kapitel, dass man Hand in Hand mit Arbeitsrechten behandeln könnte. - Dennoch war dieser Einkaufstempel für mich beeindruckend, nicht zuletzt deswegen, weil in diesem Einkaufszentrum ein Preisniveau herrschte, das annähernd dem von Europa entsprach, und teilweise dieses überstieg. So wurde ich innerhalb der ersten Woche schon direkt mit dieser Gegensätzlichkeit die Ecuador ausstrahlt in Verbindung gebracht.

Der Padre lud uns (Cesar,Giovanni,Fabricio,ich) zum Cafe ein und wir „unterhielten uns" so gut es ging.

Als wir in der Tola gegessen hatten gings auf in die Caleta wo ein Spiel Ecuavolley angerissen wurde. Ecuavolley ist eine adaptierte Art Volleyball. Man spielt auf dem Asphalt bzw. der Wiese, das Netz ist kleiner,mit 3 Leuten bei jeder Mannschaft (eigene Feldaufteilung), und der feine Unterschied: Spielball ist ein Fußball! Fußbälle sind hart und man braucht Zeit sich an diese zu gwöhnen. - Und das tut weh! Ich selbst erfuhr es noch nicht an diesem Tag weil ich eindeutig zu müde wurde und ich schließlich am Nachmittag beschloß mich hinzulegen und auszurasten. Am Abend ging es dann in die Kirche, und zum Abendessen in die Tola.

Es begann eine neue Woche.

Für diesen Montag war geplant, dass mich Esteban abhohlen wird und wir gemeinsam eine geeignete Spanischschule suchen. Aber erstmal wird mir klar gemacht wie die Tagesordnung hier in der Caleta aussah: 06:30 aufstehen und gemeinsames Frühstück. Danach: Säuberung der gesamten „Mi Caleta" Anlage. Meiner Meinung nach keine sinnvolle Sache, weil man ja auch nicht im eigenen Haus jeden Tag eine Generalreinigung vornimmt. Ich denke aber, dass es eine Art Beschäftigungstherapie war, da diese Jugendherberge, zu dieser Zeit, nicht funktionierte. Wir waren jedenfalls bis um 10:00 Uhr beschäftigt.

Wie ich schon anklingen habe lassen, wäre ausgemacht gewesen, dass Esteban zumindest vorbeischaut, um mir irgendeine Information bzgl. Spanischschule zu geben. Es war aber bereits 10:00 und er war immer noch nicht da.....und kam auch nicht.

Ich setzte mich auf ein Mauerstück und wartete während ich langsam sauer und immer saurer wurde. Anscheinend bemerkte das Cesar und leistete mir Gesellschaft – ich wußte aber natürlich nicht wie ich ihm klarmachen konnte was mein Problem war. Dennoch bekamen wir eine halbwegs akzeptable Kommunikation zusammen, und zum Schluss saßen wir beide auf der Mauer und lachten, als wir uns gegenseitig Schimpfwörter wie cabron, hijo de puta, careverga (Zuhälter, Hurensohn,

Schwanzgesicht) beibrachten. Es war das erste Mal, dass ich mit einem Ecuadorianer gemeinsam lachte.

Zu Esteban kam ich erst am darauf folgenden Tag, als ich Cesar stammelnd sagte was ich wollte, und er irgendwie zu verstehen begann, dass Esteban irgendetwas mit meinem Spanischkurs zu tun haben musste. - Cesar brachte mich zu Esteban, auf den Busterminal, und von da an lief Gott sei dank wieder etwas voran. Er fragte, ob er mit mir in die Stadt gehen könne, um mit mir einen Spanischkurs zu suchen.

Wir begaben uns nach „Gringolandia", wie viele Quitenos diesen Stadtteil nennen, um eben alles klar für einen Sprachkurs zu machen. Beim 2. Anlauf wurden wir fündig. - Galapagos Spanish School hieß meine Schule wo ich Einzelunterricht – erstmal festgesetzt auf 2 Wochen Dauer erhalten sollte – jeden Tag natürlich, also 4 Stunden täglich von 8 bis 12 Uhr. Das war zwar hart, aber ich wollte schnell Spanisch können, und mir war total bewusst, dass ich diesen Kurs bitter nötig hatte. Bei insgesamt 180 US$ Kurskosten denke ich, dass es sich auf alle Fälle ausgezahlt hat. - Wir fixierten den Beginn des „Einzelkurses" auf nächsten Tag – Mittwoch.

Ich stand also Mittwochs auf, frühstückte und ging zur „Schule" ....soweit ich mir den Weg merken konnte. Um 07:45 stand ich vor der Tür. Alles sah noch ziemlich leer aus. Nur Straßenreiniger waren unterwegs, und die Tür der Schule war mit einem schweren Eisentor verriegelt.

Dann, um acht, sperrt eine Dame die Schule auf – offensichtlich war das meine Spanischlehrerin – gut – also ging ich mit mit ihr mit. Wir stiegen die Treppe hinauf in den ersten Stock und setzten uns in ein kleines Zimmer um mit dem Spanischunterricht zu beginnen. -Klein ist eigentlich untertrieben, denn es waren ca. 2 m² – aber genug Platz für einen kleinen Tisch, sowie 2 Stühle.

Die Lehrerin machte ihre Arbeit gut, obwohl ich auch mit ihr Verständigungsprobleme hatte – denn sie konnte nicht so gut Englisch wie man mir gesagt hatte. Man kann trotzdem Spanisch lernen.

Nach den 4 Stunden Unterricht bin ich schon ziemlich fertig – es ist anstrengend. Das ist auch genau das, was ich in den nächsten Wochen fühle. - Am Ende des Tages war ich so müde, dass ich ins Bett fiel. Es kostet eben unheimliche Energie eine Sprache zu erlernen, aber es kostet nicht nur Energie sondern macht auch Spaß! Mein

Kompliment an meine Lehrer, die mir nicht nur die Sprache beigebracht hatten, sondern außerdem zusahen, dass ich den nötigen „Background" für meine zukünftige Arbeit bekam.

Die nächsten 2 Wochen verliefen endlich halbwegs geregelt. Der Unterricht, und der damit verbundene Lernaufwand, auch nach den Lektionen, sorgte dafür. Wie angesprochen, sorgte dies auch für eine hohe Müdigkeit die natürlich auch damit zu tun hatte, dass ich den ganzen Tag fast ausschließlich mit Spanisch zu tun hatte.

Nach diesen 2 Wochen konnte ich meine Spanischkenntnisse extrem verbessern, und ein relativ akzeptables Spanisch vorweisen, dass sicher noch holperte, aber auf das man aufbauen konnte. Während diesen 2 Wochen lernte ich auch ein ecuadorianisches Mädel kennen, mit ihr traf ich mich öfters, um etwas zu unternehmen bzw. zeigte sie mir auch die Stadt (Quito), und ich lernte Parks kennen, von denen man die ganze Stadt überblicken konnte. Auch unterhalten konnte ich mich schon ganz gut mit ihr, das heißt, ich übte mit ihr das gelernte in der Praxis. Eliza war der 1.Kontakt in Ecuador, den ich mir selbst aufgebaut hatte.

Im Projekt hatte ich zu dieser Zeit eine sehr untergeordnete Rolle. Ich half hier und dort mit, außerdem war ich ja offiziell noch gar nicht im Einsatz, und musste erstmal meine Papiere regeln – d.h. Konkret: mein Visum, dass mir durch ein Schreiben der Bischofskonferenz in Ecuador genehmigt, und anschließend von der Migrationsbehörde ausgestellt werden sollte.

Als ich das 1. Mal zur Bischofskonferenz ging, verlief ich mich auch gleich danach, und fand nicht in die Sprachschule zurück, da ich in die falsche Richtung ging – dennoch sah ich viel von Quito, inkl. Proteste, die etwas außerhalb des Stadtzentrums abliefen.

Und schön langsam kam die Zeit, da ich mir Gedanken machen konnte, wo ich jetzt wirklich hinkommen sollte. Aber das Projekt selber, bzw. dessen Administration oder Padre Ivano, konnte mir keinen Destinationsort nennen und so wurde mir langsam klar, dass „man" noch nicht wußte, wohin „man" mich schicken sollte. - Das war für mich Grund genug die Sache selbst in die Hand zu nehmen. Ich besorgte mir die Projektadresse, aus Sto. Domingo, gab dem Padre Bescheid, und war auch schon auf dem Weg zum Busterminal, um dorthin zu fahren und mir dieses Projekt vorab anzusehen. Von Thomas wusste ich, dass die Möglichkeit bestünde, in Sto. Domingo eingesetzt zu werden, da er nur noch 3 Einsatzmonate hatte. Die andere Möglichkeit war, soweit ich herausfinden konnte, die „Mi Caleta" in Quito.

Nach einer 3 stündigen Busfahrt kam ich in Sto. Domingo an und ließ mich von einem Taxifahrer zur Projektadresse fahren. Dort angekommen traf ich Jonny Santana, den Projektkoordinator dieser Stadt, der mich dann mit der projekteigenen Camioneta (Pick up) zu Thomas fuhr, der bei der Arbeit war. - Er ist gerade beim Fußballtraining. Ich sehe aus der Entfernung zu, und warte ab. Nachdem Thomas das Training beendete, fuhr uns Jonny zurück zur Wohnung von Rulo, wie Thomas von den Kids genannt wurde. An diesem Tag passiert nicht mehr viel, ich bin müde von der Fahrt, und zusätzlich macht mir das feuchtheiße, nasse Klima zu schaffen. Meine Klamotten waren durchgeschwitzt, und ich wollte schlafen. Wir redeten noch was am nächsten Tag passieren wird bzw. wie der Tagesablauf aussehen wird und ich ging dann zu Bett.

Rulo schrieb noch in sein Tagebuch.

Wir stehen auf und gehen in den städtischen Markt von Sto. Domingo, dort sehen ich die Hauptpopulation mit der Rulo arbeitet. Wir gehen zu den Müllschleppern, und den Autobewachern und reden mit ihnen, ich halte mich bewusst im Hintergrund. Auch weil ich merke, dass man hier in der „Costa" (Küstengebiet) schneller spricht, aber hauptsächlich deswegen, weil ich ja erstmal beobachten wollte, um zu entscheiden, ob ich hierher wollte oder nicht. Aus diesem Grund stellte mich Rulo auch als Freund vor, und nicht als seinen Nachfolger. Anschließend öffneten wir den „Balcon de la Sonrisa" (Balkon des Lächelns) ,eine Art Jugendzentrum in Form eines Innenbalkons, der von der Marktgemeinde kostenlos zur Verfügung gestellt wurde.

Und danach, um 11 Uhr, ging es dann auch schon los in den „Comedor popular", wo Essen an die Bedürftigsten serviert wurde, und sich auch gleichzeitig das Büro,und damit die Administration, befand. - Dann gehen wir essen bei einem Comedor (span. Speisesaal), der dem Projekt nahe ist, und anschließend zurück in die Wohnung.

Rulo, der für eine Zeitschrift aus seiner Heimatregion Artikel schreibt, muss diesen für dieses Monat noch fertigstellen. Mir war das nur recht und verbrachte einen ruhigen Nachmittag in der Hängematte.

Am Abend gingen wir noch zu Italienerinnen, die ebenfalls Volontärinnen hier in Sto. Domingo waren, meine Meinung ist, dass sie eindeutig zu viel Gras rauchen.

Ich schlafe ruhig ein...

Der nächste Morgen lief ähnlich ab, am Nachmittag trafen wir uns zusätzlich mit einem ehem. Volontär aus Österreich der noch vor dem Vorgänger von Rulo hier gewesen war und besuchten eine Familie eines Kindes.

Danach schreibt Rulo an seinem Artikel weiter.

Nachdem ich eine halbe Woche von Rulo etwas in seine Arbeit eingeführt worden war, wurde klar, dass ich nach Sto. Domingo wollte! – Mehr noch: ich spürte, dass man mich hier braucht, ein Gefühl, dass ich in Quito noch nicht erleben konnte. In Quito fühlte ich mich eher als Last der Leute, und die Leute selber schienen mir auch distanzierter.

Jedenfalls fuhr ich dann am Freitag wieder zurück nach Quito, um dem Padre klar zu machen was ich wollte – und das schaffte ich auch. Anscheinend war Ivano irgendwie froh, dass ich mich selber um meine Einteilung gekümmert hatte. Er willigte ein in meine Idee nach Sto. Domingo zu gehen, was mich ungemein beruhigte, weil ich das bekam, was ich wollte und nun endlich klar war, was ich machen sollte.

Man gönnte mir noch 4 Tage, bevor es nun endgültig losgehen sollte und mein Einsatzbeginn anstand.

Diese 4 Tage verbrachte ich mit meinen Freunden und Eliza. Am Wochenende fuhr ich mit ihr nach Otavalo und zur Laguna San Pablo in der Nähe von Otavalo. Sie schaffte es, mir einen wunderschönen Abschlusstag von Quito zu bereiten, und gab mir einen unvergesslichen Kuss – irgendwie war klar geworden, dass sie und ich mehr wollten als nur Freundschaft.

Dieser erste, doch sehr prägende Monat, der zu meiner Orientierung dienen sollte, erfüllte nicht nur diese Erwartung, sondern noch mehr: er verband mich mit dem Land und den Leuten und machte mich wieder mehr zu einem fühlenden Wesen. Meine Aggressivität und teilweise Depression über unsere überaus schlechte Welt konnte ich mehr und mehr vergessen. In einem „Entwicklungsland" - vielleicht weil ich eine Ahnung davon bekam, was man wirklich „ändern" konnte, und weil ich plötzlich eine Aufgabe hatte die mir gefiel!

AUF LOS GEHT´S LOS

DIE ARBEIT BEGINNT – WO, WAS, WIE UND MIT WEM – DIE BEREICHE UND WIE ICH DAZU KAM

An einem Mittwoch in der Früh, so gegen 6 Uhr, holte uns (das waren Fabricio und ich) Padre Ivano mit dem projekteigenen Bus ab, um aufzubrechen zur „allmonatlichen" Projektreise. Diese Reise dient im Projekt dazu, dass sich der Padre, als Oberhaupt der Nordzone, jeden Monat ein Bild machen kann über die Teilprojekte in den einzelnen Städten. Ich sollte mitfahren um auch die anderen Projektstädte kennenzulernen und schlussendlich in Santo Domingo de los Colorados bleiben und dort meinen Dienst antreten. Die 1. Station war San Lorenzo, ca. 300km von Quito entfernt und nahe der kolumbianischen Grenze. Auf dem Weg dorthin erhielt ich Privatunterricht in Sachen Spanisch vom Padre.
Die Landschaftsgebiete, die wir durchstreiften, waren unglaublich schön, teilweise auch karg aber ebenso üppig bewachsen. Auf dieser Fahrt wurden mir wieder einmal die Gegensätzlichkeiten, auch im Bezug auf die Natur, bewusst.
Wir kamen in San Lorenzo an und es wurden sofort die Projektleute einberufen um eine Besprechung zu starten. -Als diese beendet war, zeigte man uns San Lorenzo, eine ärmliche Stadt, die einen sehr schlechten Ruf genießt. Auch der idyllische Ausflug, auf den halbzerstörten Pier der Stadt, konnte dieses Bild nicht verschleiern. Was das Projekt angeht, war ich mir nicht bewusst ob man hier überhaupt mit Kindern arbeitete. - Ich sah jedenfalls keine. Man erklärte mir jedoch, dass aufgrund der Schulferien keine Kinder im Projekt wären, bzw. auch weil das Projekthaus gerade neu errichtet wird.
Nachdem wir eine Mahlzeit zu uns nahmen, gemeinsam mit den Leuten aus dem hiesigen Projekt, ging es dann weiter nach Esmeraldas, wo ich mit Fabricio vom Padre abgesetzt wurde, um auf die österreichischen Zivilersatzdiener zu warten, die

hier ihren Dienst machten.
Nach längerem warten kam dann schließlich David, der uns in die Wohnung hineinließ. Nun lernte ich wieder neue Gesichter kennen. Zwei Österreicher waren hier im Einsatz....viel passierte aber an diesem Abend trotzdem nichtmehr, denn es war inzwischen schon spät geworden und ich war müde.
Gegen halb 8 verließen Fabricio und ich die Wohnung, und gingen Richtung Projekthaus, um rechtzeitig zur „Reunion" da zu sein und auch dieses Teilprojekt kennenzulernen. Nach dieser Reunion, die nebenbei gesagt, das erste Mal wenn man sie hört interessant wirkt, beim 2. Mal aber schon klar wird, dass alles nur eine Show ist, die wiederholt wird und bei der auch kein richtiger Dialog zustande kommt, wurden wir (F. und ich) vom Padre auf den Strand eingeladen. Nach „Atacames", ein Urlaubsabteil der Stadt. Hier spendierte er uns Cocktails und wir gingen zu einem Deutschen der sein Lokal hier hat (der alte Fritz). Eine äußerst „unechte" Atmosphäre, die mir eigentlich kaum gefiel. Den ganzen Nachmittag verbrachten wir nun am Strand...und Abends ging's dann wieder zurück in die „Casa austriaca"... Als ich mich in die Hängematte legte und einschlief, war ich froh, dass ich am nächsten Tag dann nach Sto. Domingo kommen würde, und endlich meine Arbeit beginnen konnte.
Und so war es dann auch. Als wir ankamen wurde gleich noch mal die für mich schon langweilige Reunion abgehalten, und dann ging es auch schon los.
Mit Rulo geht's ab in die Wohnung, Zeug auspacken und einräumen, aber Zeit zum entspannen gibt es nicht – es steht Fussballtraining an. Also auf in den Bus, gemeinsam mit Rulo und Verena (einer Deutschen, die ich aber nicht leiden konnte, da sie sehr arrogant auf mich wirkte – Rulo verstand sich anscheinend gut mit ihr, auch im Bett), in den Randbezirk „Unificados", um dort mit den Jungs zu trainieren. Abends, als wir nach Hause kommen, falle ich todmüde in die Hängematte. Obwohl die Hitze in Esmeraldas viel extremer war als in Sto. Domingo, war ich dieses feuchtheiße Klima noch nicht gewöhnt. Ich denke, es entspricht nur der Wahrheit, wenn ich hier niederschreibe, dass mir dieses subtropische Klima gehörig die Energie raubte, v.a. in der ersten Zeit.
Am nächsten Morgen gingen wir (zu Dritt - Verena war da geblieben) in den Markt. Nun konnte mich Rulo auch als seinen Nachfolger vorstellen. Auch die

Marktgemeinde war froh, dass es jemanden gab der an die Arbeit von Rulo anknüpfte. Nachdem wir den Balcon geschlossen hatten, stand noch ein Familienbesuch (ca.30km außerhalb Sto. Domingos) an. Diese Familie hatte an sich, weder etwas mit dem Markt zu tun, noch mit dem Projekt (soweit ich das beurteilen konnte) – sondern wurde anscheinend einfach von Österreicher zu Österreicher „weitervererbt". Sicher war die Familie arm, aber ich konnte trotzdem keinen Grund entdecken sie zu betreuen, denn meiner Meinung lebte sie in relativ stabilen Verhältnissen, und arm ist in Ecuador sowieso fast jeder. Man muss also Unterschiede machen zwischen arm und arm, und irgendwo muss die Trennlinie ja schließlich gezogen werden – also zog ich sie, und zwar direkt als wir zurück nach Sto. Domingo fuhren. Ich sagte Rulo, dass ich diese Familie nicht weiter betreuen werde und erklärte ihm meinen Standpunkt. Ich denke, dass er es gut verstand warum und weshalb ich jene Familie sozusagen „fallenlassen" musste. - Wir fuhren wieder zurück zum Markt und dort besuchten wir nun einige Marktfrauen, die spontan meinten, man müsste meine Ankunft, und damit die Fortführung des Projektes feiern. - Rulo ließ sich überreden 2 „Packerlweine" zu kaufen und nun begann ein witziges Ereignis.

Die Marktfrauen, die ja normalerweise nicht in ihrer „Dienstzeit" trinken, versteckten den Wein hinter den Marktständen, und tranken heimlich mit uns, es blieb natürlich nicht bei den 2 Packerlweinen, sondern nach und nach holten einige Marktfrauen Nachschub. Es gab permanent zu trinken, und allmählich stand der halbe Markt unter Alkoholeinfluss. Wir hatten daran natürlich unsere Freude, und den Marktfrauen war die Abwechslung aus dem Lebensalltag auch sehr willkommen.

Angeheitert gingen wir zu Bett – die erste „Vorstellrunde" war geglückt!

Dieses Wochenende fuhr Rulo mit Verena ans Meer, während ich mich nach Quito begab. Ich wollte auf keinen Fall das 3. Rad am Wagen sein und außerdem war mir Verena, wie vorher auch schon angesprochen, höchst unsympathisch.

In Quito hatte ich meine ersten Freunde gefunden und dorthin fuhr ich übers Wochenende auch um ihnen von Sto. Domingo zu erzählen. Endlich war mein weiterer Weg etwas exakter gewiesen.

Die darauf folgende Woche sollte ich erst einmal das Projekt in Sto. Domingo kennenlernen. Ich machte mir am Montag nach der Teambesprechung (Reunion) einen Plan wann und wo ich mich mit meinen Kollegen treffen sollte, um mit ihnen ihren Arbeitssektor kennenzulernen. So lernte ich den Busterminal, der von Willian betreut wurde, und den zentralen Park, der von Javier betreut wurde sehr gut kennen. Ich bekam sozusagen die ecuadorianische Sichtweise der Dinge und die Arbeitsweise der Ecuadorianer mit, die sich gegenüber der europäischen etwas unterscheidet. Ich falle am Abend immer todmüde ins Bett, wahrscheinlich weil es immer wieder neue Eindrücke gibt.

Freitagabend lerne ich das erste Mal meine eigentliche, nähere Wohngegend kennen. Rulo lud mich auf ein „Sacklbier", wie wir es nannten (Cerveza en funda), ein und wir setzten uns am Rand eines alten, nicht mehr genutzten Parkes, der in DDR Style erbaut worden war, hin und redeten über die vergangene Zeit, über meine Eindrücke, und wie es mir gefiel hier zu sein.

Die ersten Wochen fuhr ich fast jedes Wochenende nach Quito, um mich dort mit Eliza zu treffen, und mit ihr das Wochenende zu genießen, und so lernte ich immer mehr Ecuadorianer und ihre Familie kennen. Allen voran, ihre kleine Tochter Sofi, ein kleines, 5 jähriges Mädchen das sehr aufgeweckt ist, und auch die Gabe hat einen ganz schön zu nerven. Dennoch glaube ich, dass ich mich mit ihr ganz gut verstand, obwohl sie anfangs natürlich eher skeptisch war gegenüber dem Ausländer, der mit ihrer Mutter zusammen war.

Nach dem Wochenende begann die Übergabezeit des Arbeitssektors von Rulo an mich. Im wesentlichen sah meine Woche wie folgt aus:

Montag:
08:00 – 10:00: Teamsitzung
10:00 – 11:00: Wochenplanung
11:00 – 12:00: Mithilfe bei Jugendspeisung
12:00 – 14:00: Mittagspause
14:00 – 18:00: Familienbesuche / Schulbesuche / Werkstattbesuche / Organisation von Aktivitäten / Realisierung von Kooperationen (je nach Einteilung / Wochenplanung)

Dienstag,Mittwoch :

08:00 – 09:00: Begleitung der Jugendlichen in ihrem Arbeitssektor / Mercado Municipal

09:00 – 11:00: Betreuung des Jugendzentrums „Balcon de la Sonrisa"

11:00 – 12:00: Mithilfe bei Jugendspeisung

12:00 – 14:00: Mittagspause

14:00 – 18:00: Familienbesuche / Schulbesuche / Werkstattbesuche / Organisation von Aktivitäten / Realisierung von Kooperationen (je nach Einteilung / Wochenplanung)

Donnerstag,Freitag:

08:00 – 09:00: Begleitung der Jugendlichen in ihrem Arbeitssektor / Mercado Municipal

09:00 – 12:00: Betreuung des Jugendzentrums „Balcon de la Sonrisa"

12:00 – 14:00: Mittagspause

14:00 – 18:00: Familienbesuche / Schulbesuche / Werkstattbesuche / Organisation von Aktivitäten / Realisierung von Kooperationen (je nach Einteilung / Wochenplanung)

Samstag,Sonntag:

Aktivitäten die wir oder das Projekt planten wurden immer am Wochenende abgehalten.

Natürlich schwankte dieser Zeitplan auch manchmal, und ebenso natürlich ist klar, dass nicht jedes Wochenende Aktivitäten veranstaltet wurden, dazu wäre das Projekt auch rein finanziell gar nicht in der Lage gewesen, und ich auch nicht. Was an diesem Plan jedoch ersichtlich wird ist, dass es hier um mindestens 40 Stunden Arbeit pro Woche geht, die Wochenenden nicht mitgezählt. Vieles geht sich nicht aus, würde man nicht teilweise seine eigene Zeit opfern, was natürlich Idealismus ist, aber dringend nötig ist, um diese Arbeit machen zu können. Was ich damit ausdrücken will ist, dass es sich hierbei keinesfalls um Urlaub handelt, auch wenn tropisches Klima herrscht. Und auch die Kulisse des Urlaubs wird man in Sto. Domingo stark vermissen.

Trotzdem gefiel mir die Arbeit an sich. Es war fast keine Kontrolle zu spüren, und ich konnte meinem Idealismus freien Lauf lassen, bzw. mir die Arbeit selbstständig einteilen, was mich persönlich zu Höchstleistungen anspornt.

Dass Ecuador ein Land ist indem alles möglich ist, lernte ich nach und nach in meiner „Einarbeitungsphase" wie ich sie nenne, dass es ein großartiges Land ist, wusste ich schon jetzt.

ECUADOR: DIE NORDZONE DES „PROYECTO SALESIANO – CHICOS DE LA CALLE" UMFASST DIE STÄDTE QUITO, SAN LORENZO, ESMERALDAS, STO. DOMINGO DE LOS COLORADOS UND AMBATO

UMSETZUNG

WIE DIE ÜBERGABEZEIT VERLIEF, WAS ALLES PASSIERT IST

Nun ja, grundsätzlich hatten Rulo und Gato nun eine gemeinsame Übergabezeit von ca. 3 Monaten, in der ich sozusagen den Sektor Markt, die Kinder und Familien, meine Kollegen, Schulen und natürlich Kontakte in der Stadt kennenlernte. Ebenfalls ein wichtiger Punkt in dieser Zeit war, sich orientieren zu lernen, sprich: wo ist was und wo bekomme ich das was ich will. Außerdem besorgte ich mir ein BMX ‚um mit Rulo, der die meiste Zeit mit seinem Rad unterwegs war, mitkommen zu können. Eine sehr gute Lösung des Problems „Mobilität", denn wir hatten keine Möglichkeiten vom Projekt Fahrtkosten ersetzt zu bekommen. Um zu den Finanzen zu kommen: Eigentlich war mit J1W ausgemacht, dass wir (die Zivilersatzdiener und auch die Volontäre) vom Projekt versorgt werden, d.h. Im Projekt wohnen, essen, waschen usw. und deswegen kein Geld nötig sei, um die Grundversorgung zu erhalten. Da in Ecuador aber teilweise die Projektstruktur noch nicht soweit fortgeschritten war, wurde vor Ort eine Art Abgeltung durch Geld umgesetzt, damit wir uns selbstständig versorgen konnten. Wir bekamen ein „Gehalt" von ca. 200US$ (entspricht dem eines Sozialarbeiters und liegt über dem Durchschnittslohn) um uns selber zu organisieren, eine, wie ich finde, gute und faire Lösung. Die andere Geschichte ist die, dass ich seit Beginn um diesen „Lohn" kämpfen musste, d.h. konkret, dass ich immer wieder bei der Administration in Quito anrufen musste und klar machen musste, dass ich mein Geld brauche um leben zu können. V.a. Anfangs hat man da Probleme. Später hingegen, wenn man auch die Sprache dementsprechend gut kann, kann man sich auch besser wehren. Und noch etwas: Nur weil man in einem Sozialprojekt arbeitet, heißt das nicht, dass es auch intern „sozial" zugeht.

Gut – aber weiter mit der Umsetzung der „Einarbeitungsphase":
Wir hatten uns festgelegt ordentlich Dampf zu machen und alles perfekt

durchzuziehen. Am Anfang war das Tempo das Rulo vorgab, sehr hart für mich, denn ich hatte noch mit dem Klima zu kämpfen, und das sprechen ermüdete mich schnell. Außerdem hatte ich seit ca. einem halben Jahr keinen geregelten Ablauf mehr gehabt. Teilweise macht das träge, aber ich sehnte mich schon nach der Zeit selber Aktionen durchführen zu können, dazu musste ich v.a. geistig fiter werden und schneller zusammenhängend denken lernen, wobei die Sprache keine Schwierigkeit mehr darstellen durfte. Bis Mitte Mai hatte ich das mehr oder weniger geschafft und wäre somit schon alleine zu viel mehr fähig gewesen.

Nun hatten wir noch ein Monat gemeinsame Zeit, Rulo und ich. Wir waren uns einig, dass nun die Phase der Aktionen durchgesetzt werden musste um endgültig klar zu machen, dass es egal ist wer von uns beiden in Zukunft am Markt sein wird. Es wurde zum Muttertag eine Muttertagsaktivität geplant um die Mütter mehr ans Projekt zu binden, da sie die näheste Beziehung mit ihren Kindern haben. Es war gut, dass diese Aktivität in einem offiziellen Projektrahmen stattfand, und somit auch unseren letzten zweifelnden Müttern klar wurde, dass das „Proyecto Salesiano" kein Hirngespenst von Rulo und Gato war, sondern dass eben diese wirklich Sozialarbeiter in dem angesprochenen Projekt waren.

Danach ging es weiter mit einem Badeausflug in das städtische Schwimmbad „Mi Cuchito", wo sich die 50 Jungs und Mädels unserer Gruppe köstlich amüsierten, und zum Abschluss organisierten wir eine Übergabeparty, wo dann sozusagen Rulo abdankte und Gato, also ich, empfangen und willkommen geheißen wurde. Ich denke, dass es den Leuten verdammt gut gefallen hat, dass endlich für sie etwas gemacht wurde, und dass sie, zumindest für uns, wichtig waren. Als Rulo und ich dieses Abschlussfest organisierten, waren sie sichtlich gerührt, mit wieviel Mühe wir für sie eine Theateraufführung mit Witz und Humor durchführten. - Es gefiel ihnen, und der Ausdruck in ihren Augen war Lohn genug.

ABSCHIED

ÜBER DEN ABSCHIED VON MEINEM ÖSTERREICHISCHEN KOLLEGEN THOMAS

Der Abschied von Rulo war somit besiegelt. – Der Schlussstrich unter seine Tätigkeit als Straßenerzieher in Ecuador endgültig abgeschlossen. Ich hingegen begann gerade damit. Wenn ich lügen würde, würde ich schreiben, dass ich mir wünschte, dass Rulo noch da blieb, aber es war nicht so.
Nicht, weil ich ihn nicht ausstehen konnte, ganz im Gegenteil, sondern, weil er eine sehr ausgeprägte, starke Persönlichkeit war, die nicht zuließ, dass sich meine eigene stärken und ausprägen konnte. Ohne dass er dies wollte, habe ich genau das im letzten Monat gefühlt, als ich merkte wie schwer es ihm fiel endlich auszulassen und alles mir zu überlassen. Ich habe die Gabe manche Sachen abzuwarten, zu beobachten und dann erst zu handeln, wenn das Ende zeitlich absehbar ist, ich setzte diese Gabe ein, da ich merkte, dass etwas anderes nichts bringen würde.
Ich glaube, dass mir Rulo im letzten Monat schon viel mehr hätte die Zügel in die Hand geben sollen.
Natürlich weiß ich, dass dann gerade zum Schluss hin einiges vielleicht nicht so gut geklappt hätte, aber anscheinend hatte er vergessen, dass genau das einen Lerneffekt einleitet, indem er mir immer noch behilflich sein hätte können.
Und so war ich eigentlich froh, dass Rulo bald schon nicht mehr da war, und freute mich auf meine Zeit, weil ich endlich alleine alles kennenlernen konnte.
Noch einmal: Ich verstand mich sehr gut mit Rulo, und wir sind bis heute gute Freunde, wir hatten zu jeglichen Dingen verschiedene Standpunkte, und Beide einen starken Charakter, der uns auszeichnet. Deswegen hatten wir auch immer viel zu diskutieren und zu reden und es wurde nie langweilig. Aber zwei starke Charaktere schränken einander ein. Als ich meiner Meinung nach soweit alles gelernt hatte, was

ich benötigte, begann ich zu merken, dass ich mich eingeschränkt fühlte in meiner weiteren Entwicklung. An unserer privaten Sympathie füreinander hatte das jedoch nicht die geringsten Folgen. Es war aber klar, dass ich mich alleine viel weiter entwickeln konnte als mit ihm.

Einer Person der das schon lange vorher bewusst war, war Joana. Rulos Freundin in seiner letzten Zeit dort. Vielleicht weil sie ihn schon lange kannte und mehr oder weniger fasziniert war von der Veränderung, die wir Europäer in Lateinamerika, zwar nicht immer – aber doch, durchmachen.

Ich erkannte, dass Rulo im Grunde nicht nach Österreich zurückwollte, zumindest nicht in einem der Augenblicke als er es den Kindern am Balkon erzählte und seine Grimassen und lustigen Bemerkungen immer wieder zwischendurch machte, wenn er das Flugzeug mit seiner Hand nachahmte. Seine Komik war für mich zu sehr gespielt, und ich konnte nur zu gut verstehen, dass er sich hier sehr wohl fühlte. Die Leute, die Kinder, der Markt und alles darum herum – es begann sogar für mich alles einen Sinn zu ergeben. In der kurzen Zeit, in der ich hier war, hatte ich plötzlich wieder entdeckt was ich schon so lange gesucht hatte, aber nicht fand. Ich wusste plötzlich wieder warum es eben doch Sinn macht morgens aufzustehen.

MARCELO, EINER DER MÜLLSCHLEPPER

STO. DOMINGO: ICH ZU BEGINN MEINES EINSATZES MIT MEINEM BMX / IN MEINEM WOHNVIERTEL

STO. DOMINGO: RULO, MEIN VORGÄNGER MIT SEINEM FAHRRAD

STO. DOMINGO / MERCADO MUNICIPAL / 28 DE ABRIL: DER STÄDTISCHE MARKT – MEIN ARBEITSSEKTOR

STO. DOMINGO / MERCADO MUNICIPAL / 28 DE ABRIL: MÜLLSCHLEPPER IM MARKT

STO. DOMINGO: DER MARKT VON AUßEN

STO. DOMINGO: MEINE WOHNUNG

3 DIE GLORREICHE ZEIT
Episoden aus den 9 Kernmonaten

Meine Erlebnisse, wie ich sie erlebt habe, werden im folgenden Kapitel in Form von Kurzgeschichten erzählt, damit man den Handlungsstrang nicht verliert. - Ich beschreibe hier sowohl lustige und motivierende Situationen, als auch ernüchternde und traurige – es soll allein die Situation im Vordergrund stehen, auf die man sich dann einstellen kann.

Manche Geschichten sind nicht eindeutig zuzuordnen, ob sie nun wirklich aus den 9 Kernmonaten stammen – das sollte aber für niemanden ein Problem darstellen, da, wie vorhin schon angesprochen, die Situation im Vordergrund steht.

Jede Geschichte ist in sich abgeschlossen und kann somit auch einzeln gelesen werden.

Um auf meinen persönlichen Lebensstil genauer einzugehen, befinden sich auch Kurzgeschichten in der Auswahl, die alltägliche Situationen widerspiegeln oder besondere Dinge an einem Tag hervorheben.

Ich rate jedem die Geschichten in der vorgegebenen Reihe zu lesen weil sich natürlich einige Situationen aus anderen ergeben, obwohl sie eben nicht zusammenhängen.

01-Vom Leben in einer anderen Gesellschaft

02-Das zerrissene T-shirt

03-...und was denkt Pablo?

04-Das spanische Silber und das Haus im „Che"

05-Die Spanierin

06-Armbänder für Österreich

07-Rafael der Künstler

08-Badeausflug

09-Meine Eltern zu Besuch

10-Die Droge „zu Helfen"

VOM LEBEN IN EINER ANDEREN GESELLSCHAFT

Ich stehe um halb acht auf – mein Wecker hat mich aufgeweckt – ziehe mich an und setze Wasser für den Cafe auf. In der Zwischenzeit gehe ich zur Tienda[1], die an der Straßenecke liegt, und kaufe frische Brötchen und „Instant-Cafe". „Richtiger" Cafe ist schwerer zu bekommen, und deshalb kommt er nur an Wochenenden und für Besucher auf den Tisch. - Eigendlich ist das ein untypisches Frühstück für Ecuador, aber an einem normalen Morgen vertrage ich einfach kein „Encebollado"[2] oder Fisch mit Reis...obwohl es wirklich toll schmeckt.

Nach dem Zähneputzen schnappe ich mein BMX und fahre Richtung Markt, an der Straßenecke sind die Hunde des Nachbars auf mich aufmerksam geworden und bellen mich an. Ich fahre an ihnen vorüber, ohne sie wirklich zu beachten. Weiter vorne sehe ich schon die Frühstücksläden, die den oben angesprochenen „Encebollado" verkaufen. Einige Männer mittleren Alters sitzen an dem Stand und stillen ihren „Chuchaki"[3], den sie sich durch zu viel billigen Schnaps am Vortag eingefangen haben. Sie diskutieren, wie jeden Tag um diese Zeit, darüber, dass sie von der Frau verlassen worden sind oder von der Frau aus dem Haus geworfen worden sind – auffällig ist nur, dass es immer dieselben Typen sind.

Es geht weiter mit dem Rad – nach ca. fünf Minuten Fahrzeit komme ich von der Hinterseite an den städtischen Markt. Von Außen sehe ich schon Miguel[4] und Andres[5] Autos bewachen. Ich begrüße sie mit einem Handwink und den Worten „Habla Muchacho – que huvo" (span. „sprich Junge – was war"). Sie erwidern meinen Handwink. Inzwischen haben auch die anderen begriffen dass ich da bin und kommen auf mich zu. Ich nehme mein Rad, trage es die Stufen hinauf und schiebe es in den

---

1   Eine Tienda ist so ähnlich wie bei uns früher ein Kreißlerladen
2   Zwiebelsuppe mit Fisch
3   Umgangssprachlich „Kater"
4   eines der 50 arbeitenden Kinder die ich betreute
5   eines der 50 arbeitenden Kinder die ich betreute

Markt – einer der Kids möchte gerne mit meinem Rad fahren.
Ich erlaube es ihm, aber sage ihm auch, dass er in der Nähe bleiben und nicht abhauen soll damit. Wir lächeln uns beide ins Gesicht. Er und ich wissen, dass er das nicht machen würde – wir kennen uns schon zu gut.
Ich lasse Jose mit dem Rad ziehen, einer der anderen Jungs ist beleidigt, weil er das Rad nicht haben durfte. Ich beruhige ihn und versichere, dass er Morgen dran ist – im nu ist die Welt für ihn wieder in Ordnung und er geht zurück zu seiner Arbeit.
Mit den anderen veranstalte ich ein Wettrennen zum andern Ausgang des Marktes, dorthin wo das Müllauto steht. Einige Marktfrauen sehe ich nur den Kopf schütteln, andere entsetzen sich darüber, dass wir laufen. Ich nehme sie einfach nicht wahr und tue so als ob ich sie nicht verstehen könnte.
Hier kommt der Großteil meiner Jungs und Mädels zum Müllschleppen Vormittags her. Ich beginne eine Art Smalltalk mit der Gruppe, die sich mittlerweile um mich geschart hat, gefolgt von ein paar witzigen Kommentaren und Grimassen, anschließend lade ich sie natürlich ein, auf den „Balcon de la Sonrisa" zu kommen.
Dann setze ich meine „Marktrunde" fort.
Ich gehe durch den alten Teil des Marktes, die Kinder tragen all den Müll, der bei den Marktständen anfällt, den Weg entlang zum Müllauto. Angel sieht mich und fragt mich ob ich ihm helfe die schwere Tonne zu schultern, um sie abtransportieren zu können. Natürlich helfe ich ihm, und frage wie es denn in der Schule so vorangeht. Er gibt ehrlich zu, dass er die letzten 2 Tage nicht in der Schule war, weil er arbeiten musste.
Ich gehe weiter und komme zu den Spielautomaten, wo sich auch einige der Kids „verstecken". Sie verstecken sich vor dem Alltag, dass diese Automaten ihnen das letzte Geld aus der Tasche ziehen ist ihnen nicht bewusst.
Pablo ist einer von ihnen, als er mich sieht kommt er strahlend auf mich zu und fragt ob ich den „Balcon" schon aufsperren würde. Ich sage ihm, dass ich erst meine Runde beenden muss...aber klar werde ich aufsperren – er freut sich.
Ich gehe wieder außerhalb des Marktgebäudes, die Straße entlang, und komme zu den Autobewachern. Miguel und Andres sind immer noch da und bewachen. Wir unterhalten uns über die Familie und darüber, ob Miguel nächstes Jahr ins Collegge einsteigen wird. Der Autobesitzer kommt und deutet verächtlich mit dem Finger auf

mich. Die Jungs klären ihn auf: „Un pana del Proyecto Salesiano" (span. „ Ein Freund vom salesianischen Projekt"). Der Mann nimmt es zu Kenntnis und steigt ins Auto um wegzufahren. Miguel streckt die Hand aus, um fürs Bewachen bezahlt zu werden. Er bekommt einen halben Dollar und bedankt sich – er hatte Glück – zumindest Heute.

Ich will weiter gehen aber Suco, ein Bekannter, hält mich auf und fragt, wann wir denn wieder mal eine Aktion mit den Kids machen. Suco ist einer meiner „Verbündeten" hier im Markt – er hilft, soweit es geht, Aktivitäten mitzugestalten.

Auf seine Frage antworte ich, dass ich nachsehen muss wann Zeit ist und dass es mir auch gefallen würde mal wieder etwas zu unternehmen. Ich drehe mich zu den Kids und frage sie ob ihnen ein Ausflug wieder mal gefallen würde – Freudengeschrei stimmt sich ein.

Ich hab nun meine Runde fast beendet und komme wieder in den Markt, wo ich mich nun um die Marktfrauen annehme, frage wie es denn geht, ob etwas passiert ist oder ob es Probleme mit den Kids gegeben hat.

Wenn ich in meinen Sektor, den Markt, gehe und mir die Leute (ich spreche von Standbesitzern und Ladeninhabern) ansehe wie sie sind, gibt es mehrere „Arten" die einem mit der Zeit auffallen werden. Die einen sind Diejenigen, die man kaum kennt und mit denen man im Regelfall auch nie was zu tun haben wird, weil sie immer nur zusehen wie das Geschäft läuft. Ein Großteil der Sachen, die im Markt geschehen, geht an ihnen vorüber, ohne dass sie auch nur im geringsten einen Gedanken daran verschwenden.
Die Zweite Gruppe setzt sich aus Leuten zusammen die man zwar nicht kennt, aber die immer etwas wollen, wenn es etwas "gratis" zu geben scheint. Sie vergessen viel zu oft, dass es nichts "gratis" gibt. Andere kennt man vom "Hallo - sagen" und weil man sich gut mit ihnen unterhalten kann, über belangvolle oder belanglose Dinge - das heißt aber noch lange nicht, dass sie nicht diejenigen sind welche die Kinder ausbeuten.
Die letzte, eher kleine Gruppe, besteht aus Leuten, die versuchen, sich

selbst einen Reim darauf zu machen, was man denn im Sektor zu machen scheint. - Irgendwann werden sie aber zu neugierig, fragen selber nach und fangen an nachzudenken, ob sie sich nicht selber einbringen könnten. Oft kommt dann die Weisheit "ich bin ja selber nur Ecuadorianer" zum Vorschein, weil sie nicht realisieren, dass das gar nicht die Frage war. Der Rest, also all Diejenigen, die irgendwann zu der Erkenntnis gelangen, dass sie sich irgendwie immer einbringen können, bezeichnet die Gruppe, die dann Sachen wie z.B. "Verpflegung am Ausflug" übernimmt - völlig freiwillig und ohne Hintergedanken. Wie gesagt: leider sind das nur sehr wenige - und dennoch! - sie existieren.

Hin und wieder kommt es auch vor, dass ich härtere Worte mit Marktfrauen spreche, nämlich dann, wenn manche glauben, mich für dumm verkaufen zu können und die Kinder eben doch nur ausbeuten. - Tatsache bleibt, dass auch die Marktfrauen ein Teil der Arbeit sind. Nicht zuletzt haben sie den Platz für den „Balcon de la Sonrisa" hergegeben.
Als ich wieder beim Müllauto ankomme, warten schon alle ungeduldig darauf, dass ich ihn aufsperre, den „Balcon". Auch Jose ist mit meinem Rad wieder da und so geht die ganze Horde, gemeinsam mit mir, auf den Balcon.
Ich drehe den Schlüssel um....und schon wird er gestürmt von den Kids....Was aber ist der Balcon nun wirklich?

Und auch der Mercado 28 de Abril gehört zu meinem Arbeitsfeld. Hier hat mein Vorgänger, mit dem ich zur Zeit (bis Juni 2005) zusammenarbeite, und der mich in die Arbeit einführt, eine Art Jugendzentrum aufgebaut. Oder besser gesagt, wir sind noch dabei. Die Kids (im Alter von 7 – 16), die sich auf dem Markt befinden, tragen den Müll der so anfällt (Kuhschädel, Grünmüll,...) zum Müllauto und laden ihn auf. Von den Leuten der Stände werden sie fürs wegtragen bezahlt...

...Der >>BALCON DE LA SONRISA<< bietet ihnen nun die Möglichkeit Vormittags auch etwas zu lernen, einfach nur zu spielen oder jemanden zu finden der zuhört.

Unsere Aufgabe besteht hier darin, die Begleitperson zu sein, damit Regeln wie "keine Gewalt" oder " nichts vom Balcon werfen" eingehalten werden, gleichzeitig geben wir den Kindern Aufgaben zu lösen (Mathematik, Schreiben,....) , sehen zu, dass sie Spiele haben, motivieren sie in die Schule zu gehen (aber nicht nur sie müssen dazu motiviert werden - auch die Eltern), oder eine Lehre zu finden, und wir helfen bei Hausaufgaben.

Zur Situation arbeitender Kinder möchte ich hier schreiben - Kinderrechte stehen zwar auf dem Papier - und dort steht auch ein Kinderarbeitsverbot - hier gehört das aber zur Realität die tagtäglich (auch Sonntags) um 0800 anfängt und um 1800 aufhört....

...Derzeit besteht der >>Balcon de la Sonrisa<< aus 2 Tischen + Sessel, Puzzlespielen, 1 UNO- Kartenspiel, 1 Schachtel Malstifte und Papier - das ist auch schon alles.

Kurzum ein Jugendzentrum, dass sich Individuell auf die Bedürfnisse einstellen kann, weil ohnehin nichts von besonders hohem Wert existiert.

Ich verbringe die Zeit immer sehr gerne mit den Kindern auf dem Balcon, weil er auch die Möglichkeit bietet, näher ins Gespräch kommen zu können.

Gegen 10:45 muss ich aber wieder gehen – der nächste Teil meiner Arbeit wartet schon wieder. Zwei Kids kommen mit, sie wissen bereits wohin es jetzt geht.

Ich nehme mir also wieder mein Rad, vorne und hinten belade ich es mit den Kids, und auf geht es, ins Zentrum von Sto.Domingo. Das gefällt den Beiden natürlich dermaßen, dass sie sich vor lachen kaum halten können, die Leute sehen uns an als ob wir Außerirdische wären, und ich ernte unsagbar viele „Kopfschüttler".

Im Projekteigenen Comedor[1], wo wir ankommen, lade ich die Kids ab und schleppe

---

1 Ein „Comedor" ist ein kleines „Restaurant" wo es in der Regel 2-3 verschiedene Menüs um die Mittagszeit gibt

das Rad hinauf in den ersten Stock, dann weise ich die Beiden an, sich die Hände zu waschen bevor sie zum essen kommen können.

Der Comedor in Santo Domingo gehört auch zu meinen Aufgaben und stellt meiner Ansicht nach das Rückgrat des Projektes dar.
Täglich von 1100 - 1200 gibt es hier zu Essen. Für 15ct bekommen hier die Kids, die auf der Straße arbeiten, einen Teller Suppe, einen Teller Reis mit etwas Soße und ein Glas Saft. Warum ich weiß, dass es nur Bedürftige sind ? - Weil es für Niemanden einen Grund gibt ihnen das neidisch zu sein.
Organisiert ist der Comedor wie folgt:
Köchin kocht das Essen und portioniert es.
Servierer bringt das Essen zu den Kids und holt die Teller wieder ab.
Kassierer teilt Löffel und Trinken aus und kassiert dabei das Geld.
Zusätzlich bleibt die Aufgabe für "Ruhe und Ordnung" zu sorgen (nicht immer ist das möglich, das hängt vielleicht damit zusammen, dass die Kids wissen, dass der Comedor einen geschützten Rahmen darstellt, der als Ventil für Stress auch genutzt werden kann), und Konversation zu betreiben.
Meine Aufgabe ist es den Servierer zu spielen und gemeinsam mit den Anderen für Ordnung zu sorgen.
Zum Schluss bleibt nur noch zu sagen: es ist immer zu wenig zum Essen da - zumindest ist das der Eindruck den man bekommt, deswegen gehe ich meist außerhalb des Projektes Essen.

Tja – nun, um 12:00, beginnt meine Mittagspause, endlich mal etwas Ruhe....ich schiebe mein Rad zu einem Comedor um die Ecke und bestelle mir ein Menü. Manchmal fahre ich auch Nach Hause und schlafe, nämlich dann wenn mir die schwüle Hitze extrem zu schaffen macht. Meistens aber fahre ich ins Zentrum und setze mich an „meine Fruchtbar" und bestelle einen Batido (Milchshake), Banane mit

Cocos, den genieße ich dann, während ich eine Zigarette rauche und nichts sage. Hin und wieder kommt einer meiner Freunde vorbei, der gerade etwas im Zentrum zu erledigen hat, wir unterhalten uns kurz und legen fest, dass wir uns am Abend nach der Arbeit treffen. Oft gehe ich noch in ein Internetcafe, um meine Berichte für das Internet zu schreiben und Fotos auf meine Homepage zu stellen. Der Besitzer des Internetcafes kennt mich schon gut, weil ich des öfteren sein Netz überlaste... Wirkliche Probleme gibt es aber nicht.

Und dann, gegen 14:00, geht es wieder weiter mit der Arbeit.

Jetzt geht es in die Randbezirke und Wohnviertel, dorthin wo die Kinder Zuhause sind und zur Schule gehen. - Das Rad ist mein ständiger Begleiter, weil es einfach viel unkomplizierter ist von A nach B zu kommen und so meine Strecken zu bestreiten. Heute ist meine erste Station die Werkstatt im Viertel „Gran Colombia" - dort arbeiten bzw. lernen Henry und Jonny, zwei Brüder, in einem Mechanikerbetrieb. Ich komme an und begrüße erstmal den Meister und Besitzer der Werkstatt mitdem ich mich ausgezeichnet verstehe. Nach etwas Smalltalk und ein paar informativen Fragen wie denn die Jungs vorankommen, unterhalte ich mich mit ihnen und lasse mir von ihnen zeigen, was sie bereits gelernt haben. Die Beiden sind gerade an der Reparatur eines Lastenrades beschäftigt und fügen die Teile mittels Schweißgerät zusammen. - Es läuft alles perfekt. - Ich setze also meine „Tour" fort und fahre in eine Schule im Bezirk „Juan Eulogio" wo ein paar meiner auffälligsten Kids die Schule besuchen. Ich bin schon bekannt in der Schule, weil ich natürlich regelmäßig meine Besuche mache. Deswegen habe ich auch einen guten Draht zu den Professoren bzw. der Direktorin. Sie beginnen gerade zu verstehen, warum denn genau diese Kinder während des Unterrichts so unkonzentriert und erschöpft sind.

Wenn ich ankomme, und mich die Kids bemerken, muss der Unterricht abgebrochen werden weil sie unruhig werden – deswegen habe ich auch mit der Professorin ausgemacht, dass ich während der Pause komme.

Dann spiele ich mit den Kids am Schulgelände, oder rede mit ihnen über die aktuellen Vorkommnisse, bevor ich mit der Professorin über die Schulprobleme zu sprechen beginne.

Auch Familienbesuche stehen am Nachmittag an, und so muss ich bald schon wieder mein BMX schnappen und weiter radeln.

Angel hatte mir im Markt schon erzählt, dass es Probleme gibt. Sein Vater beginnt sich an der Tochter zu „vergreifen". Als Konsequenz hat die Mutter die Tochter mitgenommen und ist vorübergehend zu einer Bekannten in der Stadt gezogen. Angel sagte mir wo sie ist.

Als ich ankam, begann sie zu weinen und zögerte nicht mir zu schildern, wie alles begann. Sie fragte sich, ob sie denn richtig gehandelt hätte, und ich bestärkte sie und versprach ihr Hilfe. Nachdem ich sie wieder einigermaßen beruhigt hatte und noch ein paar Mal versicherte, dass alles gut werden würde, musste ich aber auch schon wieder fahren.

Es sind genau diese Augenblicke, die einem bewusst machen, wie sehr hier ein Sozialnetz fehlt – und, dass einfach nicht genügend Leute existieren die bereit sind zu helfen. - 50 Familien auf einen Sozialarbeiter bezogen sind einfach zu viel.

Ich musste jedenfalls weiter, die Mutter von Leonardo wartete schon auf mich. Ich hatte ihm klar machen können, dass er auch als Soldat lesen und schreiben beherrschen muss, um überhaupt genommen zu werden. Als er das einsah, begann er sich wieder für die Schule zu interessieren und nun war der Zeitpunkt gekommen da ich mit ihm und seiner Mutter die Sache bereden wollte. - Es lief bestens – und im nächsten Monat war es soweit – Leonardo wird sein letztes Schuljahr beginnen....und dieses Mal auch abschließen.

Wenn ich nach so einem Tag, um ca. 18:00 Uhr, in mein Viertel (Las Palmas) komme, bin ich froh, wenn ich mich eine halbe Stunde vor den Kreißlerladen an der Ecke setzen kann, und gemütlich eine „Pura crema" (tiefgefrorenes Joghurt) lutschen kann, und mich für ein paar Minuten aus meinen eigenen Gedanken ausklinken kann. Dann trinke ich noch kalte Milch, rauche eine Zigarette der Marke Lider und sehe bzw. pfeife den Mädchen nach, die in ihren engen Jeans vorbeigehen und mich anlächeln. Früher oder später kommen dann Freunde von mir vorbei mit denen ich mich über alles mögliche unterhalte und dann geht's meistens Nach Hause – meine Hängematte wartet dort schon auf mich und auch der CD Player, der entspannende Musik von sich gibt......

Nachdem ich mich ausgeruht habe, reflektiere ich meist über den Tag, indem ich in

meinem Kalenderbuch festhalte was alles passiert ist und mir Notitzen und Gedanken dazu mache. - Vorweg schreibe ich gleich, dass es nicht für jedes Problem eine Lösung gibt – was natürlich weh tut, aber schlicht und ergreifend die Wahrheit ist.
Oft treffe ich mich auch noch später mit Freunden, um Fernzusehen, gemeinsam zu kochen oder das ein oder andere Bier zu trinken und Sachen die mich belasten aufzuarbeiten. Mit Hilfe meiner Freunde, die für mich hier so etwas wie eine Familie darstellen, gelingt mir das auch.
So konnte ich nicht selten Lösungen für Probleme von Familien finden. Vielleicht auch deswegen, weil ich immer mehr begann die Lebensweise der Leute immer besser zu verstehen.
Meistens sinke ich erst gegen Mitternacht oder später ins Bett, um ins Reich der Träume einzutauchen und dennoch bin ich mir sehr bewusst, dass alles was ich tue Sinn macht.

AUTOBEWACHER VOR DER MARKTHALLE

DAS ZERRISSENE T-SHIRT

Bei der Abschlussfeier von „Rulo" gab es für die Kinder und Jugendlichen der Kerngruppe ein besonderes Present: ein T-shirt mit der Aufschrift „CHICO PILAS - PROYECTO SALESIANO". Umgangssprachlich heißt „chico pilas" soviel wie „schlauer Bursche".
Wir wollten damit einen größeren Zusammenhalt in der Gruppe schaffen und auch eine Art Identifikationsfrage klären. Unsere Jungs und Mädels waren schlau.
Da aber nur die Kerngruppe die T-shirts hatte, gab es immer wieder Kids die das T-shirt natürlich auch wollten. So passierte es, dass einer der Burschen, mit Namen Klever, einen der Jungs der Kerngruppe (Marcelo) das T-shirt abnahm, indem er es ihm auszog und wegnahm. Ans zurückgeben dachte Klever natürlich keine Sekunde lang.
Klever wusste warum er nicht in der Kerngruppe war. Ich machte ihm deutlich, dass es auch für ihn möglich war in die Gruppe zu kommen, da er ja auch am Markt arbeitete. Der Tatsache wegen, dass er manchmal nur schwer zu finden war, er mir nie seine Eltern vorstellte und ich deswegen auch nicht wusste wo er wohnte, obwohl ich ihn einige Male fragte, sowie teilweises Desinteresse an den Ansätzen des Projektes, machte es für mich untragbar, ihn auch wirklich aufzunehmen. Er hatte somit natürlich auch kein Recht das Projekt T-shirt zu tragen.
Und erst recht nicht eines zu stehlen! - Sehr wohl wusste er, dass ich nicht nachtragend war, und dass er immer kommen und gehen konnte wann er wollte.

> ...Nun ist es so, dass ich ein Monat lang versucht habe beide dazu zu bewegen, dass wir gemeinsam, ruhig über die Sache reden können, jedoch gab es keine Reaktion auf mein bemühen hin. Nachdem Klever, fast provokativ, immer wieder mit dem T-shirt von Marcelo im Markt auftauchte mussten spätestens jetzt Zeichen gesetzt werden, da alle sahen, dass ja anscheinend nichts passiert wenn man sich

eines der T-shirts "nimmt".

Eines Tages also, als ich Klever wiedermal fröhlich im Markt mit dem gestohlenen T-Shirt herumspazieren sah, packte ich ihn am Kragen und machte ihm klar, dass er mir jetzt das T-shirt entweder geben konnte oder ich es zerreißen werde, falls er das nicht tut.

In Windeseile standen natürlich alle "Marktbewohner" um mich herum, wobei alle auf meiner Seite standen, da ich genügend Freunde in der "Marktgemeinde" habe.

Klever dachte anscheinend, dass ich das T-shirt nur ein bischen "ankratzen" würde, obwohl ich ihm sagte dass ich das T-shirt zerreißen würde, bis er es mir freiwillig geben würde.

Er riet mir anzufangen. - Also zückte ich ein Messer und begann das T-shirt zu zerschlitzen, Klever rührte sich nicht vom Fleck. Ich denke, weil er genau wusste, warum das passieren musste.

Ich zerschnitt das T-shirt solange, bis er es sich auszog und mir übergab. Die Leute vom Markt gaben mir Recht und Klever zog sich zurück.- Marcelo, der Junge dem das T-shirt gestohlen wurde, erhielt eines meiner 2 T-shirts die ich hatte. Alleine um Klever zu zeigen, dass es nicht funktioniert wenn man zu stehlen beginnt - und ich denke es hat funktioniert, denn nach etwa 2 Wochen stellte sich auch mit Klever wieder ein normales Gespräch ein...

Meine Maßnahme mag vielleicht für den einen oder anderen drastisch klingen, bedenkt man aber, dass ich genauso gut die Polizei deswegen einschalten hätte können, ist sie mit Sicherheit sehr milde gewesen und zudem allemal lehrreicher. Was mir jedoch bewusst geworden war, ist der kriminelle Sog indem sich die Jugendlichen auf der Straße befinden. Man merkt bald, dass der stärkere das Recht besitzt, und auch in den Wohnvierteln haben die „Bandillas" das sagen und den Einfluss. Oft sind sie Vorbild und Identifikation für die Kinder und Jugendlichen, die dann nach ihren Vorbildern handeln. Gewalt wird dabei natürlich alltäglich, ist aber so wie ich die Sache sehe nicht ausschlaggebend, sondern passiert viel eher als Mittel zum Zweck.

Viel eher können solche Banden Einfluss und Vorbildwirkung erzielen durch ganz normale „Propagandawerte", wie Gemeinschaft bzw. Verbundenheit der Mitglieder, und auch ihr eigenes „Milieu" aus dem sie stammen. Sprich, sie kommen alle meist aus keinem behüteten Hause und sehen die „Bandilla" als ihre Familie, die ihnen alles gibt was sie wollen, umgekehrt geben sie alles für die Bandilla, daraus folgt natürlich die Bewunderung derer, die den Schritt noch nicht gewagt haben, aber gerne selber in einer „Bandilla" wären. Sie träumen eben von den Werten, die ich vorhin angesprochen habe, die sie in ihrer Familie oft nicht finden können. Gespräche mit „meinen Kids" haben mir gezeigt, dass eine „Bandilla" eine echte „Alternative" sein kann für die Jungs, und sie ziehen diese auch in Betracht. Das „Rekrutierungsalter" bei den Jugendlichen liegt bei 13 bis 14 Jahren. Falls sonst nichts für einen Beitritt spricht gibt es natürlich noch die Antwort: „die Bandilla sorgt für deine Ausbildung an deinem Körper, sowie für Ausbildung deiner Kampffähigkeit bei Messer, Machete und Pistole". Ähnlich wie die Propaganda der Armee, nur eben viel „volksnaher" und direkt im Wohnviertel.

KLEINKRIMINALITÄT IST AUF DEN STRASSEN ALLGEGENWÄRTIG. D.H. DER SOG DER KRIMINALITÄT IST GROß UND DIE ARBEITENDEN KINDER VON STO. DOMINGO BRAUCHEN VIEL KRAFT DIESEM ZU WIEDERSTEHEN.

...UND WAS DENKT PABLO

Pablo ist einer jener Jungs, die dem Abgrund schon so nahe sind, dass es eigentlich nur noch eine Frage der Zeit ist, wann sie endgültig auf der Straße landen. Nicht zuletzt deshalb, weil sie kapiert haben, dass sie nun Mal Pech gehabt haben. Das ganze spiegelt sich natürlich im Verhalten wieder. Ich schrieb über ihn das erste Mal, als mir bewusst wurde, dass ich ihm nie werde helfen können...

...Er arbeitet als Autobewacher in meinem Sektor. Ein weiteres Wort dass zu ihm passt: völlig orientierungslos. Seine Situation ist die typische "meiner" Kinder:
- Mutter von Vater getrennt
- Junge wohnt bei Mutter
- Mutter hat nicht die geringste Chance sich durchzusetzen
- daraus folgt Respektlosigkeit gegenüber den Eltern bzw. der Mutter (Denn der Vater ist ja sowieso nicht da)

Aber was macht Pablo so besonders, dass ich über ihn schreibe? Wahrscheinlich ist es wohl die Aussichtslosigkeit der Situation, und die Tatsache, dass er schon einen Schritt weiter auf der Straße lebt als so manch anderer meiner Kinder. Und wahrscheinlich will ich in diesem Beitrag nur meine Hilflosigkeit und mein Versagen ausdrücken und deutlich machen, denn ich kann Pablo zu 90% nicht mehr aufhalten früher oder später auf der Straße zu leben.

Ich denke, dass man sich bewusst sein sollte, dass man in einem Jahr (bzw. 14 Monate) viel Zeit hat um einiges zu "versäbeln", oder grob gesagt : Hilflos zu sein. - Wie in der Sache mit Pablo, die mir einfach nicht aus dem Kopf geht, da es so offensichtlich ist, dass ich ihm helfen könnte, wenn ich meine gesamte wirtschaftliche und seelische Kraft für ihn einsetzen würde. - Das ist aber nicht möglich, weil ich mich damit auch persönlich ruinieren würde und so bleibt mir wohl im Endeffekt kein Ausweg.

...es ist einfach so, dass Pablo eigentlich alle wirtschaftlichen Voraussetzungen hat um in die Schule zu gehen, aber es fehlt an allen Ecken und Enden (nein, das ist kein Widerspruch) - und sehr wahrscheinlich ist es, dass Pablo kapiert hat, dass er nun mal schlechte Karten gezogen hat - und wer schlechte Karten gezogen hat, dem kann nicht mal Schule weiterhelfen, d.h. Pablo glaubt nicht mehr an das Märchen, dass er nun 13 Jahre lang erzählt bekommen hat; Pablo glaubt einfach nicht mehr daran, dass alles gut wird; Pablo hat seine Illusionen verloren, die ihn in die Schule gehen haben lassen. Wenn Freunde von ihm besorgt zu mir kommen und sagen: Oye Gato, el Pablo anda con cuchillo en las calles (Hey Gato, Pablo ist mit einem Messer auf den Straßen unterwegs), fehlen mir die Worte, weil ich nichts sagen kann - denn ich weiß es bereits - es ist nichts neues mehr.
Und wenn ich mit ihm über Schule und Arbeit rede und er mir sagt: Pero muertos no trabajan, ni van a la escuela.(aber Tote arbeiten nicht und gehen auch nicht zur Schule. auf die Frage: Alle Leute gehen in die Schule um eine Ausbildung zu bekommen, damit sie arbeiten können - warum willst du nicht in die Schule gehen) - weiß ich bereits, dass ich verloren habe und überflüssig bin.

Ich erinnere mich sehr gut an den Pablo, den ich in diesem Bericht beschrieben habe – an einem Tag gut gelaunt und voller Enthusiasmus über das was ihm die Zukunft bringen würde, an anderen Tagen traf ich ihn zusammengekauert in einer Ecke des Marktes, fast schon depressiv – dann redete er wie ein Realist der weiß, dass er verloren hat.
An wieder anderen Tagen kam seine Mutter zu mir in den Markt und fragte mich ob ich denn Pablo gesehen hätte, oder eine Idee hätte wo er sein könnte. - Nicht immer half

ich ihr Pablo zu finden, obgleich ich auch wusste wo er war, denn so wie ich die Sache sah war sie eigentlich der gewaltigste Motivationsdämpfer mit dem Pablo fertig werden musste.

Pablo brach natürlich die Schule ganz ab und arbeitete den ganzen Tag, zwar nicht immer im Markt, aber er kam immer wieder zu mir und redete mit mir – ich denke, was ihm besonders gefiel war, dass ich Zeit für ihn hatte und bereit war mit ihm Tagträume zu erleben. Er sehnte sich zurück in die Zeit als seine Mutter noch mit seinem Vater glücklich gewesen war und alles besser war als es jetzt ist, ich gab ihm Gelegenheit darüber zu reden.

Und eines Tages meinte Pablo, als er wieder über beide Ohren motiviert war: „Ich will Mechaniker werden, so wie der Mann der den Lastwagen meines Vaters immer repariert hat!" ...

...Und mich lässt der Fall Pablo einfach nicht los, vielleicht genau deswegen, weil Pablo sicherlich zu einem der schwersten Fälle gehört. Tatsache ist, nachdem die Sache mit der Schule ja völlig schief gelaufen ist, habe ich für Pablo ein neues "Projekt" gestartet, dass ich Anfangs nur "Motivation Pablo" nannte. - Mehr Interesse für ihn, mehr Aufmerksamkeit, kurzum : mehr Interesse für seine Situation - und so erfuhr ich einiges mehr über ihn - z.B. dass sein Vater noch immer in Sto. Domingo wohnt, dass sie (die Familie) früher einen Lastwagen hatten und Waren aus der Sierra in Sto. Domingo verkauften, und der Punkt an dem dieser Bericht einsetzt: dass Pablo gerne als Mechaniker arbeiten würde .

Ich begann also nach geeigneten Personen zu suchen die Möglichkeiten besitzen zu helfen, oder sagen wir einfach: Mechaniker. - Und wie es der Zufall so will fragte mich ein Meister einer Mechaniker-Werkstätte, der die Werkstatt im "Che" kannte ob ich nicht Jungs kenne, die bei ihm anfangen möchten zu lernen. Alles schien perfekt. Und so arrangierte ich zuerst ein Treffen, um zu wissen ob es auch Pablo gefallen würde. Bis hierher gab es keine Probleme.

Der erste Tag war kein Problem - und so, wie immer gesagt wird: todo bien (alles gut).

Am dritten Tag war alles gelaufen, und Pablo kam nicht wieder zur Werkstatt.

Kein Grund, kein Wort weshalb...... - JA dasselbe hab ich auch gedacht: was? - so schnell?

- Danach ging er wieder seiner vorherigen Arbeit nach: Autos bewachen, bis er 2 Wochen später zu mir kam und mir explizit sagte dass er schlechter verdienen würde als vorher. Eine Woche später teilt mir seine Mutter mit, dass Pablo nicht mehr nach Hause kommt und angeblich jetzt beim Vater lebt, mit Pablo gesprochen habe sie selbst nicht.

Für mich wird bei diesem Fall immer deutlicher, dass sich Pablo nach einer Zeit sehnt die war, als seine Mutter mit dem Vater lebte, als sie ein eigenes Auto hatten, und ein besseres Leben. Pablo sehnt sich so sehr nach dieser Zeit, in der alles gut war , dass er zeitweise bei der Mutter lebt und zeitweise beim Vater, vielleicht um die beiden Leben zumindest in seinem Kopf zu vereinen.

Zur Zeit weiß ich nicht wie ich Pablo weiterhelfen kann, ich weiß nur dass die Zeit kommen wird in der es möglich ist...

Nun – die Zeit kam während meines Einsatzes nicht mehr, und sie ist auch bis jetzt noch nicht gekommen. Pablo war mir im Markt zwar bis zum Schluss meines Einsatzes ein „treuer" Begleiter, aber ich hatte nur bedingt Erfolg ihm bzw. seiner Familie zu helfen. Dennoch fühlte er sich immer Wohl in meiner Nähe, vielleicht weil er nicht unter Leistungsdruck stand, vielleicht weil er wusste, egal was passieren würde – zumindest „El Gato" war noch auf seiner Seite, und wenn mich nicht alles täuscht konnte ich ihm zumindest klarmachen, dass man Freunde braucht, in einem so harten Leben, wie seines ist....

DAS SPANISCHE SILBER UND DAS HAUS IM „CHE"

Ich war nun schon seit einiger Zeit in Ecuador und kannte Sto. Domingo zudem recht gut. Eines Tages, als ich wieder mal durch meinen Sektor ging, erzählte mir Andres von einer Spanierin, die in der Stadt war, und anscheinend länger in Sto. Domingo bleiben würde. - Ich war natürlich neugierig geworden und hielt die Augen offen – Zwei Tage später lernte ich dann Regina kennen indem ich sie ansprach, es entwickelte sich eine enge Freundschaft, wir konnten uns gut leiden und so redeten wir über alle möglichen und unmöglichen Dinge...

>...Das ganze begann so, dass ich eine Spanierin kennenlernte die für 3 Monate nach Ecuador kam, um in einer Schule als "Lehrerin" und in einer Nervenheilanstalt (centro de la salud mental) für Jugendliche und Kinder zu helfen...
>
>...tja der Punkt ist, dass ich ihr ca. 3 Wochen vor ihrer Ausreise von einer Familie zu erzählen begonnen hatte, deren Haus in einem sehr schlechten Zustand ist, und dass es aussieht, als ob, wenn der Regen kommt, das Haus zusammenbrechen wird... Deswegen fragte ich sie, ob sie (sie waren zu zweit) für diese Familie nicht etwas Geld hier lassen könnte, um wenigstens einen sicheren Boden konstruieren zu können, damit das Haus nicht weggeschwemmt wird.
>
>Anfangs eine utopische Idee, wurde es schon konkreter als ich den Zweien (sie war mit einer Freundin hier in Sto. Domingo, die das gleiche arbeitete wie sie) das Haus zeigte und so wurde aus nichts, 350 US$ die sie mir daließen - Natürlich mit der Auflage Rechnungen für das gekaufte Material zu besorgen. Ich hoffe, dass das auch möglich ist.
>
>Am 30. September konnte ich dann somit sagen, dass das Geld fixiert wurde, d.h. in bar gegeben wurde um "etwas" für das Haus zu machen.

Seit diesem Tag spreche ich immer von "La plata espanola" das "Das spanische Silber" bedeutet, wenn ich von diesen 350 US$ spreche.

Natürlich wusste ich, dass man mit 350 US$ nicht einmal in Ecuador ein Haus bauen konnte. Andererseits hatte ich aber auch keine Vorstellung wie viel denn ein Haus wirklich kosten würde bzw. ob wir denn ein Haus bauen. Die Idee war Anfangs nur ein gemauerter Untergrund, auf dem man das Holzhaus wieder hätte aufstellen können. Der Zweck dieses Vorhabens war eben, dass die Familie wieder ein sicheres und trockenes Zuhause hatte.

Regina konnte leider nicht mehr sehen, wie sich dieses Projekt entwickelte und wuchs bzw. umgesetzt wurde – sie musste, wie aus der Artikelstelle zu entnehmen ist, wieder zurück nach Spanien – oder sollte ich besser schreiben ins Baskenland? - Egal – ich tat also mein bestes um „etwas" aus den 350US$ zu machen.

...im Monat November ging es daran Kostenaufstellungen für dieses Haus zu machen um eine Idee zu erreichen, was man denn wirklich mit dem Geld machen konnte - das Ergebnis war fatal: nicht einmal für das Material reichte das Geld, dennoch wollte ich noch nicht aufgeben und nachdem ich außerdem den Spanierinnen versprochen hatte das Geld für diesen Hausbau einzusetzen, begann ich mir den Kopf immer mehr zu zerbrechen in Richtung: wie könnte ich mehr Geld auftreiben. Wie sich aber später herausstellte, war das die falsche Richtung.

Ich hatte begonnen das Thema unter meine Freunde zu tragen, und als ich wieder einmal in die "Tienda" (sowas wie ein Kreißler - aber es gibt auch welche die bis 0300 in der Früh offen haben und draußen Tische und Bänke stehen haben) ums Eck ging, um mir gemütlich eine Halbe Bier mit einem Freund „reinzuzischen", kam Kerwin, ebenfalls ein Freund, gerade von seinem Architektur - Büro und sagte, dass er mir helfen würde das Haus zu bauen, mit Materialien von anderen Konstruktionen und seinem Arbeitsteam.

So kam die Sache allmählich ins Rollen, bis wir schließlich an einem

Samstag das ganze in Angriff nahmen. An diesem ersten Tag ging es aber v.a. darum die Materialien vor Ort zu bringen, wie z.B. 900 Ziegelblöcke, Zement, Sand, Steine,....und es wurde begonnen die Abgrenzung des Bodens zu machen. Nachdem wir an diesem Samstag gegen 1500 wieder Nachhause gefahren waren, kamen wir am Montag und Dienstag darauf wieder um mit den Wänden des Hauses abzuschließen.

Das Haus konnte zwar in diesem Monat noch nicht fertiggestellt werden, dennoch denke ich, dass bedacht werden sollte, dass erst 3 Tage gearbeitet wurden, und wir, so wie es aussieht am 4. Bautag abschließen werden, außerdem ist dieses Projekt weniger mit einem Bauvorhaben zu vergleichen, als mit einem Sozialprojekt. Das soll heißen, dass jeder etwas beisteuert (und zwar das, was möglich ist. Bis hin zur Familie, die zwar einiges erhält, aber auch selber Sachen beisteuert, von der Versorgung des Arbeitsteams wird hierbei gar nicht gesprochen) und deswegen die Logistik bzw. die Planung sehr schwierig wird.

Ich spiele hierbei die Rolle der Organisation, d.h. bei mir laufen Informationen zusammen, aus allen Richtungen (Arbeiter, Familie, Kollaborateure,...) sammle ich diese, verwerte sie und gebe sie weiter. Ich denke, dass vieles leichter gehen würde wenn mehr Geld zur Verfügung stehen würde, dennoch ist es so, dass ich glaube, dass es sehr gut ist, dass auch Leute von hier involviert sind, die Möglichkeiten besitzen zu helfen, und das auch tun wollen. - Der Preis dafür ist wohl nächtelanges Kopfzerbrechen wie man etwas preisgünstiger bekommen kann, um den nächsten Arbeitsschritt durchführen zu können.

Kerwin hatte die Materialien die mir fehlten, wie oben angedeutet, aus anderen Konstruktionen „entwendet". Natürlich wusste er was er machte bzw. was auffällt und was nicht. - Bei der Planung saß ich in Kerwins Büro und hatte einen „festen

Untergrund" vor Augen. Wir tüftelten so lange herum, bis wir schließlich ein „Haus" von 9x4 Metern zaubern konnten. - Um klarzustellen wie die Rahmenbedinungen waren schreibe ich hier nochmal nieder, dass die Familie ebenfalls ihren Teil dazu leisten musste. Finanziell genauso wie mit Arbeit. Die Abmachung war außerdem, dass sich das Haus auch nach der Fertigstellung unsererseits, weiterentwickeln sollte. Das heißt, dass kein fertiger Palast hingestellt wurde, sondern eine Basis gegeben wurde, die ein menschenwürdiges Leben ermöglicht.

...am 3. Dezember, einem Samstag fundierten wir den Boden des Hauses und deckten das Dach mit verzinkten Dachblech. - Da alle zur Verfügung stehenden Mittel aufgebraucht waren, und außerdem die Abmachung bestand, dass auch die Familie ihren Teil zu dem Haus beitragen muss, finanzierte die Familie das Holzgerüst auf dem die Blechblätter montiert wurden und 6 der 26 Blechblätter die nötig waren um das 9 x 4 Meter große Haus zu decken.

Der anfängliche Plan, einen "festen Boden" unter eine Holzbaracke zu zaubern (damit keine Tiere in die Barracke hineinkriechen, und das Haus nicht weggeschwemmt werden kann), veränderte sich im Laufe der Zeit, zuerst zu einem Häuschen von 3 x 6 Metern im Plan, bis hin zu einem wahren Wunderwerk des jetzigen bestehenden Hauses.

Ich möchte hier vor allem betonen, dass dieses Projekt auf Zusammenarbeit von 3 Teilen aus 3 verschiedenen Nationen beruht. Spanien, Ecuador und Österreich haben bewiesen, dass ein Kampf gegen die Armut möglich ist und gezeigt, dass man Taten setzen muss, um diesen zu beginnen. Ich danke den Leuten aus diesen Nationen, v.a. Kerwin, ein guter Freund und Architekt hier in Ecuador, der seine Welt in Bewegung setzte um "die Welt ein kleines Stück besser zu verlassen, als er sie vorgefunden hatte".

...und aus diesem Grund konnten mir Johnny und Henry in diesem Monat sagen: "Gato, das wird das schönste Weihnachten, dass wir feiern dürfen, wir haben zwar kein Geld für Geschenke, aber endlich haben wir ein Haus mit einem wasserfesten Dach".

An diesem Abend war ich todmüde und außerdem sehr erleichtert, dass die Sache nach all den Schwierigkeiten im Hintergrund, doch noch gut ausging...trotzdem konnte ich nicht schlafen und dachte lange über die Bedeutung des Wortes "Wunder" nach, bis ich dann endlich friedlich einschlief.

Irgendwie war es tatsächlich ein kleines Wunder, dass das ganze wirklich mit so wenigen Mitteln umgesetzt werden hatte können. Zwischendurch gab es meinerseits immer wieder starke Bedenken, ob wir denn wirklich abschließen werden können. Es war ja nie wirklich klar, wann das Material aufgebraucht ist. Genau deswegen trage ich nun eine Tätowierung, des Inkagottes, der für die Küstenregion zuständig ist ,am linken Schulterblatt. Ich habe mir die Tätowierung machen lassen, weil ich sagte: falls das Haus jemals fertig wird, lasse ich mich tätowieren.
- Es wurde fertiggestellt, und viele meiner Freunde, nicht nur Kerwin, wirkten mit und arbeiteten mit, um etwas Großartiges zu schaffen. - Für mich stellt dieses Haus immer noch eine Brücke dar, zwischen all jenen die helfen wollen und können, und all den anderen die Hilfe benötigen.

Kerwin sagte mir, nachdem wir das Haus fertiggestellt hatten, dass seine Arbeiter noch nie so motiviert gewesen seien, ein Haus so schnell fertig zu stellen wie es bei diesem Projekt der Fall war. Eben aus diesem Grund, weil sie genau sahen und wussten, wie dringend und nötig das Haus war. Auch ich sah, als ich mithalf das Haus aufzustellen, dass die Augen der Arbeiter funkelten, als sie sahen, dass es Sinn machte was sie schufen.

DIE SPANIERIN

Wenn ich damals zu Regina „Spanierin" gesagt habe, war sie immer ganz aufgebracht – denn in ihren Augen war sie keine Spanierin, sondern eine „Baskin". Sie wollte unter keinen Umständen mit Spaniern verglichen werden, sie kam ja aus dem Baskenland. Ich tat es trotzdem, wahrscheinlich um sie zu necken und weil ich sie gern hatte.
Ich lernte Regina in Sto. Domingo kennen und sie war das außergewöhnlichste Mädchen, dass ich damals kennenlernte. Sie ist hübsch, interessant und klug – außerdem war sie damals eine Person, die meine Denkansätze und Gedanken verstand und so konnte ich mit ihr viel und über alles reden.
Ich lud sie öfters ein um mit ihr „Spezialitäten" Österreichs zu kochen – Palatschinken - und mit ihr zu plaudern. In ihrer Gegenwart fühlte ich mich einfach wohl und akzeptiert, obwohl sie vom Typ her etwas kühl war und mich auch intellektuell außer Gefecht setzte. - Sie hatte einfach alles.
Es kann natürlich auch sein, dass die Ferne unserer Heimatländer genau dieses Gefühl ausmachte – und ich weiß nicht ob mich jemand versteht, der das liest, aber ich verliebte mich in sie, und obwohl das Ganze nur ein paar Wochen dauerte, war es ein so starkes Gefühl, dass ich, als sie wieder abfuhr völlig ferngesteuert durch die Stadt lief, ohne auch nur ansatzweise einen Plan zu haben wo ich hinlief.

> tja...was soll ich schreiben...und dann ging sie, nach nur 3 Monaten hier in Ecuador. - War eine echt tolle Wegbegleiterin, hat viel verstanden, und man konnte mit ihr gut reden. Am Wochenende vor ihrer Abfahrt gab sie noch ein Abschlussfest, zusammen mit einer spanischen Freundin, die mit ihr dieses Volontariat machte.
> "Tja Maedel machs gut" und "man sieht sich" - was besseres ist mir am Tag ihrer Abfahrt auch nicht eingefallen....und die anschließende Nacht bin ich planlos durch die Straßen von Sto. Domingo geirrt um irgendwas zu machen und mich abzulenken und doch wieder um gar

nichts zu tun....am Straßenrand zu sitzen, mit einem Blick der sich in die vorbeifahrenden Autos verliert, nur um weiter zu gehen um mit irgendwelchen Leuten zusammenzustoßen, weil ich mit meinem Kopf ganz wo anders war...und dennoch kam ich dann irgendwann in meinem "Loch" an, legte mich nieder, und schlief schließlich ein um meine Träume zu durchleben, die soweit von der Realität entfernt waren.
Dennoch: Danke, dass ich diese tolle Zeit mit ihr verbringen durfte!

Einige Monate später lernte ich 2 Freunde von Regina kennen, die durch Ecuador kamen und eine zeitlang in Sto. Domingo blieben. Die zwei waren bemerkenswerte Persönlichkeiten, mit denen ich mich ausgezeichnet verstand. Beide waren ausgebildete Sozialarbeiter und wollten in einem Sozialprojekt in Südamerika arbeiten. Es kamen angespannte und interessante Gespräche zustande, die wieder neue Denkansätze in mir hervorholten und mich weiter auf meinem Weg begleiteten.

BEIM HAUSBAU IM BEZIRK „CHE GUEVARA"

ARMBÄNDER FÜR ÖSTERREICH

Der erste Besuch von Jugend eine Welt stand am Wochenende an, ich freute mich natürlich schon darauf, obwohl der Besuch natürlich nicht in erster Linie uns galt, sondern eher den Geldgebern, die sich ihre Spendengaben ansehen wollten.
Trotzdem bat ich Andres, ein kleines Armband mit der Aufschrift: PROYECTO SALESIANO zu machen. Als Geschenk für die Vertreter der Organisation. Als ich dieses dann übergab, machte man mir das Angebot doch mehr für J1W zu liefern. Wie ich fand: eine großartige Idee. In der Woche darauf sprach ich mit Andres über die Geschichte und machte ihm klar, dass er die Gelegenheit hatte, ein Geschäft zu machen, bei dem er eine richtige Kalkulation seiner Waren lernen konnte, weil er mit großen Stückzahlen zu tun hatte. Außerdem hatte er von mir Rückendeckung hatte bzgl. des Termins. - Er sollte die Bänder machen, wenn er eben „Stehzeiten" hatte, und in der Schule genügend Freiraum war.
Andres erklärte sich natürlich schnell einverstanden, und der Lernprozess konnte beginnen. Das Erste war, die realen Materialkosten pro Band zu berechnen und darauf seine eigene Arbeitszeit bzw. seinen Aufwand zu rechnen.
Zwei Tage später hatte er zwar schön aufgeschlüsselt die Materialkosten am Zettel stehen, aber das was er dabei verdienen sollte war lächerlich. - Ich machte ihm also klar, dass er sich nicht unter seinen Wert verkaufen soll. - Bei keinem Geschäft. Und ich gab ihm einen Tag Zeit, seinen Verdienst zu überdenken.
Am darauf folgenden Tag war ich dann zufrieden und erteilte ihm den Auftrag und einen Vorschuss, um das Material zu kaufen.

> **...Durch etwas Glück konnte ich, durch J1W, einem meiner Jungs ein Geschäft über 100 US$ verschaffen...**

> **...Als ich dann in der folgenden Woche mit Andres über die Sache sprach, einigten wir uns auf 250 Stück. - Stück für Stück wird Andres**

diesen "Großauftrag" bearbeiten und so 100US$ verdienen können um endlich aus einem grausigen Szenario schlüpfen zu können: Der Straßenkredit, der immense Zinsen verschlingt...

Und die Sache ging noch weiter, auch Bekannte aus Österreich wollten Bänder, also organisierten wir wieder weiter. Andres konnte mittlerweile schon gut mit Zahlen umgehen und nahm mit Freuden auch den nächsten Auftrag an, der zwar größer war, aber auch mehr Abwechslung und „künstlerische Freiheit" bot.

Mit künstlerischer Freiheit meine ich, dass ich Andres die Farbwahl überließ bzw. eine höhere Farbmischung zuließ, auch damit er Reste von anderen Material-Beständen abbauen kann und weil ich, um meine Homepage zu propagieren, farbige Bänder wollte.

500 Stück „produzierte" Andres in den folgenden Monaten, und verdiente damit 300US$. In Österreich wurden sie ab 1 Euro Spende verteilt. Das überschüssige Geld verwendete ich z.B. für Medikamente bzw. andere Aktionen die ich umsetzte.

...Der Familie helfen diese Arbeitsaufträge in sehr hohem Maße. Wie ich auch letztes Mal schon geschrieben habe, steigern sie zunächst Selbstvertrauen, außerdem ist es Arbeit (und in Ecuador gibt es einen Spruch der sagt: si hay trabajo - hay comida / Wenn es Arbeit gibt, gibt es Essen), zudem lernt der Junge, dass Arbeit nicht Druck - basierend sein muss sondern, dass er selber die Möglichkeit hat sich die Arbeit einzuteilen...

Ich bin froh Andres anhand eines praktischen Beispiels, einfache, kaufmännische Fähigkeiten habe beibringen können, die ihm auch in seiner weiteren Laufbahn weiterhelfen können. Andres hat sehr hochwertige künstlerische Fähigkeiten und außerdem ein Durchhaltevermögen, dass ihn auszeichnet. Ich bin mir sicher dass er seinen Weg machen wird, wenn er auch steinig ist.

ANDRES BEI SEINEM STAND AUF DER MARKTSTRASSE

DIE 2 JÜNGEREN GESCHWISTER VON ANDRES

RAFAEL DER KÜNSTLER

Wochenende – endlich frei....Ich schnappe mir mein BMX und fahre durch die Straßen von Sto. Domingo. Über „Las Palmas" fahre ich zum Bezirk „Gran Colombia" und weiter in den ersten Teil des „Che Guevara" Viertels. Rafael, einer meiner Freunde hat dort ein Haus.....ich will ihn wiedermal besuchen. Ich steige vom Rad, nehme das Schloss, mit dem die Metalltür normalerweise zugesperrt ist, und schlage zwei, drei Mal gegen diese um mich anzukündigen. - Ich stehe vor Rafaels „Anwesen", dass (typisch für Lateinamerika) durch eine 3 Meter hohe Mauer nach außen hin geschützt ist. Weil Rafael da ist, ist natürlich nicht abgesperrt und ich betrete das „Anwesen". Ich gehe weiter, zu der runden Eingangstür von seinem Haus, dass die Form eines riesigen Baumstumpfes hat, und betrete es.

Rafael sitzt betrunken am Boden. Er begrüßt mich, und beginnt über das Leben zu philosophieren.....

Rafael ist ca. 50 Jahre alt, und schon seit immer Künstler. Was ihm das Herz zerstört hat ist natürlich klar: eine Frau. Sie ging nach Spanien und begann dort ein neues Leben. Rafael wollte nicht mit, er liebte Ecuador viel zu sehr, als dass er einfach hätte abhauen können. Deswegen wurde er zum Alkoholiker – aber er trinkt mit Leidenschaft, und wenn er spricht, hört man ihm gerne zu, weil er eben reden kann.

> ..."no mas tala de los arboles" - so lautet der Ausspruch einer meiner Freunde der bedeutet: "Kein abholzen der Bäume mehr!".
> Rafael hat vor mehr als 4 Jahren mit einem Projekt begonnen, "das mehr als ein Buch aussagen könnte" (wie er selber immer wieder sagt), wenn er nur das Geld hätte um es fertigzustellen . Das Projekt ist sein Haus im Bezirk Che Guevara. - "Wenn es fertig ist, soll es wie ein Baumstumpf aussehen, der immer noch in der Erde steht " - sagt er, und weiter meint er "Als Zeichen für alle die Sto. Domingo wenigstens passieren!"

Zur Zeit aber ist es so, dass gerade mal ein Stock fertig ist, der aber dafür atemberaubend aussieht (dennoch kann ihn keiner sehen). Der Plan aber erstreckt sich bis zu mindestens 4 oder 5 Stockwerken. Der Plan..., aber es gibt keine Förderung für den Plan, und da Rafael als Durchschnittsecuadorianer lebt, und daher auch nichts zur Seite legen kann, um den Baumstumpf zu komplettieren, wird auch dieses großartige Projekt ohne Hilfe von Außen sterben müssen, wobei der Traum von Rafael doch so wichtig für die Menschen wäre, hier und am anderen Ende der Welt.

Ja, der Baumstumpf sieht wirklich großartig aus, und rundherum hat er seinen eigenen kleinen Urwald hochgezogen von dem er sogar Früchte beziehen kann. Geld verdient Rafael mit Puppentheater, dass er leidenschaftlich gerne spielt um Kinder lachen zu hören. Hin und wieder bekommt er einen Auftrag in einer Schule und kann sich etwas Geld verdienen um sein „Baumstumpf – Projekt" nach und nach weiter auszubauen.

Als ich eines Abends mit Rafael sprach, kamen wir in einem Gespräch auf die Idee eine Reise zu machen. Den ganzen Abend gaben wir sich unserer Phantasie hin. Wir zwei, mit dem Theater im Gepäck, gondeln durch ganz Südamerika, und verkaufen dabei noch selbstgemachtes Kunsthandwerk. Wir malten uns stundenlang aus, wie die Dörfer in Brasilien aussehen mochten, und ob die Venezolanerinnen wirklich so atemberaubend schön waren, wie man es ihnen nachsagte. Keiner von uns zwei wusste es, aber es war schön sich darüber Gedanken zu machen, und gemeinsam zu lachen.

Das war der Rafael, den ich der Spanierin vorstellte und der sie beeindruckte, weil er voller Energie war...und weil er reden konnte.

Ich kannte aber auch den Rafael, der schon so kaputt war, dass ihm alles egal war wenn er sich volllaufen ließ. Schade nur, dass er sich genau so dann auch von mir verabschiedet hat.

Trotzdem werde ich Rafael immer von seiner besten Seite in Erinnerung behalten. Und wer weiß, vielleicht machen wir unsere Reise ja noch.

BADEAUSFLUG

Ich kam in meinen Sektor, den Markt, und begann das Thema eines Ausflugs in die Gruppe zu tragen. Man konnte förmlich sehen wie die Augen größer und größer wurden bei den Kindern. Wir hatten nun schon länger keinen gruppeninternen Ausflug gemacht und deshalb dachte ich, es wäre eine gute Idee, sich doch wieder einmal Gedanken darüber zu machen. Die Ideen sprudelten nur so heraus aus den Kindern und Jugendlichen. Natürlich nicht bei allen, aber bei den meisten – und doch hatten sie eines gemeinsam: sie wollten ans Wasser.
Also sprach ich mit meinem Arbeitskollegen Willian, ob er nicht eine etwas abgelegenere Stelle, als das städtische Freibad kannte bzw. ob wir dort hin fahren konnten, um vor Ort alles auszumachen.
Gesagt getan. Wir machten uns sofort am nächsten Tag auf ins „Varadero", einem Freibad außerhalb Sto. Domingos. Nachdem wir mit dem Besitzer alle Formalitäten erfüllt hatten und unsere Forderungen durchgebracht hatten, begossen wir alles noch mit einem Bier, um der Sache auch einen ecuadorianischen Charakter zu geben.
Auch Willian wollte mit seiner Gruppe vom Terminal dabei sein.
Nun folgte die Organisation der Marktleute bzgl. der Versorgung – überraschenderweise funktionierte dieses Mal alles extrem schnell und einfach. Suco und seine Frau übernahmen alles weitere. D.h. die Organisation derjenigen, die etwas geben konnten und wollten (ich ging zum Betteln natürlich mit, im Namen des Proyecto Salesiano funktionierte das recht gut) bis hin zum Transport des Essens (durch einen Pick up) an den Ort des Vorhabens selber war alles klar.

>...Varadero ist ein Schwimmbad, etwas außerhalb von Sto. Domingo - In der Nähe der Randsiedlung "Las Mercedes" - mit einem Linienbus der einen bis dorthin (Las Mercedes) bringt, muss man einen ca. 20 minütigen Weg bestreiten, der weiter zum "Rio Toachi" führt.
>**Gegen 0800 in der Früh habe ich mich mit meiner Rasselbande**

versammelt um gegen 0900 Richtung Las Mercedes aufzubrechen. Gegen 1030 kamen wir dann im Schwimmbad "Varadero" an. Es wurden außerdem Spiele für Jugendliche organisiert, die etwas außerhalb des Schwimmbades unternehmen wollten. Gegen ca. 1300 kam dann die "Versorgungstruppe" an. Diesesmal ausschließlich von einigen Marktleuten organisiert, selbst der Transport der 2 großen Töpfe wurde von jemanden übernommen, der Möglichkeit dazu hatte. Auch die Verteilung dieses "Mittagessens" lief mit der Hilfe der Marktleute an. - Was auch sehr dringend nötig war weil mein Kollege der mir eigentlich helfen wollte, am Tag vorher absagte und ich somit alle Hände voll zu tun hatte.

Anschließend wurde die Vorbereitung der Kids auf die Verlosung von 2 Bällen eingeleitet, die beinhaltete, dass jeder Teilnehmer vollständig gekleidet sein musste (um Nach der Verlosung den Heimweg koordiniert und schnell angehen zu können). Um ca. 1400 war es so weit: die Kids umgezogen, jeder anwesend. - Also wurde mit der Verlosung begonnen. Der jüngste Teilnehmer zog anschließend 2 Nummern die gewinnen sollten (die Kids hatten alle ihre Nummern am Anfang des Tages bekommen - bei der Ausflugsregistrierung). - Danach musste alles "Ruck Zuck" gehen, denn auch die Sonne hatte sich mittlerweile verzogen und es sah schon nach Gewitter aus. - Nachdem aber jeder schon angekleidet war, und ebenfalls Aufgrund der Verlosung vor Ort, ergab sich kein Problem daraus. Die gesamte Gruppe marschierte zur Straße. Diesmal nahmen wir einen Bus direkt von dort zum Markt. Als erstmal die 25 Chicos im Bus waren, machte auch der Busfahrer keine langen Preisverhandlungen mehr "wenn wir uns doch ordentlich benehmen würden", wie er sagte, und nahm das Geld, dass ich ihm überreichte (das was noch übrig war). Im Markt angekommen, wurden dann alle nochmal beim Aussteigen von mir durchgezählt und verabschiedet.

- Um 1530 durfte ich dann die Aktion als erledigt betrachten, war heilfroh, dass nix passiert ist, und genehmigte mir erstmal ein Bier. Was mir bei diesem Ausflug sehr gut gefallen hatte ist, dass auch eine Familienmutter und ein Familienvater (!) teilgenommen haben, um mir behilflich zu sein.

Organisiert wurde das Ganze, indem ich im vorher mit den Besitzern des Varaderos über den Eintrittspreis verhandelte den ich von 1 US$ auf 50ct drücken konnte (pro Teilnehmer) - die Teilnehmer bezahlten 80ct um mitfahren zu können - 50ct Eintritt // 30ct Busfahrten.

Die Versorgung wurde über einige (leider wenige) Marktleute realisiert, die sich sehr engagiert für die Kinder einsetzen...

Ich war wirklich froh, als alle wieder zurück waren im Markt. Die rechtliche Situation im Projekt ist nämlich oft nicht geklärt. Es heißt dann immer: dieser Fall ist noch nicht aufgetreten (z.B. was passiert wenn ein Kind ertrinkt) und außerdem gibt es dann immer blöde Floskeln wie: dann sieh eben zu, dass keiner ertrinkt – oder so ähnlich. Tatsache ist, dass bei diesem Ausflug fast eines meiner Kinder ertrunken wäre, ich hatte im Endeffekt Glück, dass einer der Kids die Situation schnell ergriff und half. Ich kann natürlich nicht immer und überall sein, und wenn sich die Kids teilweise nicht an die Regeln halten, dann wird es eben eng.

Trotzdem hatte ich immer jede Menge Spaß mit den Kindern und Jugendlichen, wenn ich eine Aktion oder einen Ausflug mit ihnen plante und anschließend umsetzte, auch wenn man keine ruhige Minute hat bis die ganze Aktion vorbei ist. Man fühlt sich eben doch voll verantwortlich für jeden einzelnen der Rabauken, und das sollte man auch, denn es sind schließlich Menschen.

EIN PAAR DER „KIDS" BEIM AUSFLUG

PABLO (JUNGE MIT DEM „CHICO – PILAS" T-SHIRT) AUF DEM BALCON DE LA SONRISA

MEINE ELTERN ZU BESUCH

Ziemlich genau ein Jahr nachdem ich meinen Einsatz in Ecuador gestartet hatte, beschlossen meine Eltern mich zu besuchen. Ich freute mich natürlich riesig als der Termin immer näher und näher rückte. Ich denke, dass ich in meinem damaligen Bericht die Situation relativ gut beschreiben konnte...

Hurra Hurra! - die Familie, die ist da ! - am 23. Februar kam Mama und Papa über das „große Wasser" um mich zu besuchen - ich hab mich extrem gefreut meine Eltern wieder zu sehen, obwohl ich unter sehr starkem Dialektverlust gelitten habe, haben mich meine Eltern so akzeptiert wie ich bin und konnten in den folgenden 3 Wochen in meine jetzige Welt etwas eintauchen.

Ich glaube, dass sicher nicht alles leicht war hier für sie, da dieses Land eben doch seine Eigenheiten hat, die mir teilweise schon nicht mehr als Eigenheiten auffielen, aber unumstritten welche sind. - Die Busfahrerei z.b. ist sicher eine Geschichte für sich, denn bei einer durchschnittlichen Busfahrt von ca. 4 Stunden, hätte man schon genug Material für eigene Sozialstudien über Ecuadorianer. Während der Salsa ohrenbetäubend aus den Lautsprechern des hoffnungslos überfüllten Busses tönt, steigen Kinder auf die selbstgemachtes Essen verkaufen, um so der Familie finanziell helfen zu können. Der Sitznachbar, der am Boden sein gackerndes Huhn mit zusammengebundenen Füßen liegen hat nimmt sich etwas zu Essen und beginnt mit dem Jungen zu feilschen. Das alles findet bei einer Geschwindigkeit und einer Fahrweise statt, die auf keinem Fall als "angepasst" gesehen werden könnte, sondern höchstenfalls als fahrlässig durchgeht. Draußen zischen die Bananenplantagen und Dschungelwälder am Fenster vorbei und das Klima ist tropisch, soll

heißen feuchtheiß. - Das ist nur einer der Auszüge der Busfahrten, die meinen Eltern relativ irreal vorgekommen sein mussten. Es kann auch passieren, dass es einen "Schnalzer" macht und einer der Doppelreifen plötzlich quer über die Straße fliegt. Die Sicherung hat ihn anscheinend nicht mehr am Bus halten können, aber Gott sei dank is ja nix gröberes passiert.

Ich bin mit meinen Eltern zuerst in die Region "Costa" gefahren – meiner Lieblingsregion, dort fuhren wir über Esmeraldas nach Tonchigue wo wir bei Freunden übernachten konnten. Nach 2 Tagen ging es weiter nach "Muisne", und von dort wiederum in einem Boot nach Mompiche, einem meiner Traumstrände. Nach insgesamt ca. 1 Woche in der Costa nahmen wir Kurs auf die Sierra, mit Zwischenstopp in Sto. Domingo, wo meine Eltern mein Arbeitsumfeld zum ersten Mal kennenlernten.

Danach ging's nach Riobamba, wo ich den europäischen Standard wieder näher kam[1] und auch meinen österreichischen Dialekt wieder erlangte. Anschließend begaben wir uns nach Banos, zu den Heilquellen Ecuadors, inmitten einer Naturpracht Sondergleichen. Mit Ambato, und weiter auf Quisapincha, einem kleinen Lederdorf fuhren wir in der Sierra fort und besuchten nach einem Tag in Latacunga den Nationalpark Cotopaxi. Der gigantische Vulkan selber blieb zwar eingehüllt in einer Wolkendecke, trotzdem konnten wir den Nationalpark bestaunen und die Höhe spüren, bevor wir in Lasso einkehrten.

In Quito angekommen, durften meine Eltern auch das Projekt kennenlernen, und noch dazu den Padre[2], der Direktor der nördlichen Zone des P.S. - chicos de la calle.

Anschließend folgten noch ein paar aufregende Tage in Sto. Domingo, um meine Arbeit näher kennenzulernen, bevor es dann für meine

---

1   meine Mutter suchte sich eine Unterkunft nach europäischem Standard

2   gemeint ist Padre Ivano

Eltern wieder Richtung Europa ging. - Ich denke, für meine Eltern, sowie für meinen Bruder und mich waren diese 3 Wochen ein mal etwas anderer Urlaub, indem wir sicher auch Differenzen hatten, was meiner Meinung das ganze ja noch viel schöner macht, aber im Großen und Ganzen ein einzigartiges Familienerlebnis war, dass uns allen noch sehr lange in Erinnerung bleiben wird.

V.a. Mama, aber auch Papa, musste erkennen, wie sehr sie bei dieser Reise abhängig waren von mir, weil sie selber die Sprache nicht beherrschten und auch mit Englisch in vielen Bereichen kein „weiterkommen" gegeben wäre.
Dennoch bemühte ich mich ihnen Ecuador, dass ich bis heute bewundere, so authentisch wie möglich vorzustellen. Vielleicht damit auch etwas von dem Zauber, dass es auf mich hatte, auf sie übersprang. Aber ich versuchte auch die Wahrheit ins rechte Licht zu rücken und so manche Grausamkeit, die existiert, aufzudecken, um zu zeigen dass es sie gibt.
Das Fazit dieser Reise mit meinen Eltern ist, dass sie auch gerade zum richtigen Zeitpunkt nach Ecuador kamen, weil die Lage bzgl. meines Arbeitssektors genauso instabil war, wie meine teilweise etwas angekratzte und verletzte Psyche (kam genau von dieser Instabilität des Arbeitssektors). Ich fühlte mich zumindest im Rahmen meiner Familie, und dadurch auch von „Österreich" verstanden. - Meine Trägerorganisation konnte mir dieses Gefühl leider nicht vermitteln.
Außerdem war es sicher auch für meine Eltern eine Reise, die den Horizont erweitert. Einfach deswegen, weil der Kontakt mit einer anderen Kultur gegeben war.
Und, es war auch einfach nur schön wieder einmal mit der Familie zu sein.....

DIE DROGE „ZU HELFEN"

Ich glaube, dass man aus einigen meiner Geschichten herauslesen kann, warum es so wichtig ist, dass man nicht auf sich selber vergisst. Die Arbeit, die ich gemacht habe, bringt Schwierigkeiten mit sich.
Seelische bzw. psychische Schwierigkeiten.
Und irgendwann kommt der Punkt, an dem man die Welt nicht mehr verstehen kann. Warum sie ist, wie sie ist, und weshalb soviel Ungerechtigkeit existiert. Und außerdem, warum man so wenig dagegen machen kann.
Weil aber „zu Helfen" ähnlich wie eine Droge funktioniert, kann man nur schwer damit aufhören. Man übersieht diesen Punkt nur allzu leicht, der einem eigentlich klar machen sollte, dass es wieder Zeit ist, Energie zu tanken.
Die Droge „zu Helfen" funktioniert also einwandfrei. Ganz egal wie große Erfolge man auch hatte, die einem ein Gefühl geben, man könne die Welt auf den Kopf stellen, dieses Gefühl hält nicht lange an. Ich fiel jedes Mal wieder so tief und hart auf den Boden der Realität, wenn etwas nicht klappte. Genau dann braucht man wieder etwas, dass einen aufrichtet.

> **Dass das "Proyecto Salesiano - Chicos de la calle", zumindest in meinem Arbeitsbereich in Sto. Domingo sehr nahe an der Straßenkinderproblematik arbeitet durfte ich am 8. November erfahren als Andres, einer meiner Jungs abgehauen ist....warum? - weil er einfach genug hatte vom täglich Aufstehen, Arbeiten gehen, in der Nacht in die Schule gehen, Nach Hause gehen und ins Bett schlafen legen, um am nächsten Tag von vorne anzufangen. Jeder Jugendliche, der für eine solche Arbeitsleistung geschlagen wird, haut ab von Zuhause. Sei es nun in Europa, Lateinamerika, Asien oder von mir aus auch dort wo der Pfeffer wächst. Der Ort ist grundsätzlich scheißegal, die Situation zählt. Dennoch ist es speziell in diesem Fall so, dass sich**

die Mutter für sehr schlau hält, wenn sie für Nichts Erlaubnis gibt, die Kinder schlägt, und diese außerdem auch noch arbeiten lässt - und manchmal ist das, was man sagt eben genau gar nichts wert für diese Person.

Andres hat, so glaube ich, entdeckt, dass es nicht richtig sein kann, dass er arbeitet und lernt und außerdem dafür noch geschlagen wird, deswegen mußte er weg.

....

Dieser Tag begann eigentlich ganz normal: Ich stand auf, es war der 23 Dezember und ging in meinen Arbeitssektor, den Markt. Ich unterhielt mich mit meinen Kids über dies und das und ging die Müllschleppergasse entlang, durch den alten Teil des Marktes. Die Marktleute grüßten mich wie immer, und ich grüßte zurück, wie immer, und als ich zu den Spielautomaten sah, wo der kleine Pablo seine 50 Cent, die er gerade verdient hatte, hineinsteckte, wurde mir der Teufelskreis wieder einmal bewusst.

Ich wusste: innerhalb einer Minute würde ich zu weinen beginnen, ich hatte einfach schon zu viel von all dem. Also sah ich zu, dass ich meinen Sektor verließ und setzte mich auf den Straßenrand und weinte, weinte das Elend heraus, dass ich schon in mich aufgesaugt hatte.

Und die einzigen Leute, die mich fragten, was denn los sei, waren Leute, die auf der Straße ihr Geld verdienten. Sie hatten immer noch Zeit, um zu fragen, was denn los sei. Trotzdem verstanden sie nicht weshalb ich weinte.
- Es war Normalität für sie.

Dann ist es eigentlich schon zu spät, aber ich hatte zumindest kapiert, dass ich weg musste.

Ich hatte Freunde in ganz Ecuador, die es mir leicht machten in fast alle Zonen Ecuadors zu reisen und „Energie" zu tanken.

Hierbei denke ich z.B. an Christobal in Machalilla, der mich immer willkommen hieß, wann ich auch auftauchte; oder an Mompiche, der Ort, der mir immer das Gefühl gab, dass noch alles in Ordnung war, wenn ich ankam, weil alles so harmonisch wirkte. Aber auch die Berge von den „Lagunas de Mojanda" beruhigten mich, immer dann wenn ich mich in die Höhle begab, die ich mit Freunden gefunden hatte, und eine Nacht darin verbrachte.

Ich denke, man kann nicht ewig geben. Man braucht auch jemanden der einem gibt. Ansonsten wird man selber nichts weitergeben können, man stumpft ab und ist kein menschliches Wesen mehr.

IMMER WENN ICH ZEIT HATTE SUCHTE ICH DIE SCHÖNHEIT UND ABGELEGENHEIT DER NATUR

4 DAS ENDE
als klar wurde, dass keiner nachkommt

VERLASSEN VON ALLEN „GUTEN" GEISTERN

DER BRUCH MIT J1W, MEINE ENTTÄUSCHUNG, DER ZORN UND DIE NIEDERGESCHLAGENHEIT

Das Ende begann eigentlich so wie jede Sache: erstmal klein. Ca. 3 Monate vor meinem Einsatzende, wurde ich natürlich schon langsam neugierig, wann denn nun der nächste Österreicher meinen Platz einnehmen würde, bzw. ob mein Arbeitssektor von einem Ecuadorianer übernommen werden würde.

Deswegen fragte ich Padre Ivano, bei einem meiner Besuche in Quito, wie es denn nun weitergehen würde. Er sagte nicht viel und hielt sich zurück, als er mir sagte, dass anscheinend keine österreichischen Volontäre mehr in Sto. Domingo von meiner Trägerorganisation zugelassen werden würden. Meine Unruhe begann also zu wachsen. Warum sollte meine Trägerorganisation keinen Zivilersatzdiener oder Volontäre in Sto. Domingo mehr zulassen? Hatte ich irgendetwas falsch gemacht? Wie kam man zu dem irrsinnigen Schluss etwas zu beenden, was gut lief? Und vor allem: Weshalb, zum Teufel noch mal, hatte man mich persönlich, der ja vor Ort arbeitete, nicht davon unterrichtet und warum wusste ich bis zu diesem Zeitpunkt nicht ein Fünkchen von dem, was mir Padre Ivano erzählte? - Ich kann hier nur schreiben, dass mir bis heute keine akzeptable Antwort gegeben worden ist.

Zu diesem Zeitpunkt aber, war es für mich nur ein Gerücht, das mich aufforderte tätig zu werden und direkt bei J1W nachzufühlen, wie es denn tatsächlich um Sto. Domingos Zukunft stand. Hierzu ein persönlicher Tagebucheintrag aus dieser Zeit:

...Als ob das Ganze noch nicht reichen würde, erfuhr ich letztes Wochenend,e dass wahrscheinlich kein Österreicher nachkommen wird und Sto. Domingo auch in Zukunft kein Thema für Österreicher zu sein scheint. - Eine Sache, die mich nach und nach mehr beschäftigt. - Was passiert mit dem Sektor „Markt", den Kindern, den Familien und dem „Balcon de la Sonrisa"? - Viele Fragen, die mir keine Sau beantworten kann – ..... Oder ist es so, dass ich mich hier in etwas hineinsteigere,dass mich schon gar nichts mehr angeht? - Ich weiss es nicht!...

Ich war natürlich sauer, wer würde das nicht sein? Außerdem fühlte ich mich hintergangen und abgeschrieben, und in meiner Verzweiflung rechnete ich mir sogar in einer Milchmädchenrechnung aus, was es ungefähr kosten könnte den Sektor Markt selber zu erhalten, ich kam auf eine Summe von ca. 4000 bis 5000 US$ / Jahr. Eine Summe, die für mich utopisch und unwirklich klang, es aber im Grunde auf den Punkt bringt, wenn man das Ganze auf eine Gruppe von ca. 50 Kinder bezieht. Meine E-Mails (gerichtet an die Trägerorganisation), für die ich mich sicher nie entschuldigen werde, waren Anfangs abtastend bzw. nachfragend bezüglich der Gerüchte die ich hörte. Ich musste ja wissen was jetzt wirklich wahr war, und außerdem wollte ich noch nicht so recht glauben was ich hörte. Ich wollte, dass alles geschrieben steht. Und ich bekam es geschrieben. Ich zerbrach fast dabei, aber ich bekam es. Ich konnte einfach nicht begreifen, wie eine soziale Organisation eine so steife, engstirnige, autoritäre Führung besitzen konnte, für die ich zum Schluss hin nur noch Verachtung übrig hatte. Ich denke, dass auf alle Fälle eine Lösung für das Problem, dass anscheinend mittlerweile von J1W als meines angesehen wurde, gemeinsam möglich gewesen wäre, v.a. wenn ich an das Thema Finanzen denke, wäre es ein leichtes gewesen hier eher sinnvoll zu intervenieren, als zerstörend zu agieren. - Wie ich bereits geschrieben habe: Mir bleibt bis heute die Logik hinter dieser Projektpolitik verborgen – sie wurde mir auch nicht erklärt.

...und auch bis zum 95%igen „AUS" meines Sektors. - Aber alles von Anfang an.

In meinem letzten Tagebucheintrag habe ich darüber geschrieben, dass zu erwarten ist, dass kein Nachfolger aus Österreich kommen wird. In der Zwischenzeit wollte ich diese autoritäre Entscheidung so nicht akzeptieren und begann E-Mails an die Trägerorganisation zu schreiben, die zunächst beinhalteten bzw. erklärten, dass ich diese Entscheidung für Sto. Domingo nicht verstehe und es keinen Grund gibt diese autoritäre Projektpolitik weiterzuführen......Dennoch wurde nach einiger Zeit klar, dass ich den Krieg gegen meine Trägerorganisation verloren hatte und nichts an deren Einstellung ändern konnte. Ich war sehr froh, dass meine Familie zu diesem Zeitpunkt hier in Ecuador war und mir seelischen Beistand lieferte......

Ich war wirklich ziemlich froh, wenn ich darüber nachdenke was alles mit meinen Gefühlen in dieser Zeit ablief, muss ich zu dem Schluss kommen, dass ich Glück hatte, dass meine Familie gerade zu Besuch bei mir war. Ich glaube, dass das auch meine Familie sehr gut mitbekam, wie es mir ging, und ich konnte meine Gefühle v.a. nicht mehr kontrollieren. Ich weinte auch mehr als einmal in dieser Zeit, weil mir einfach bewusst wurde, dass es ab jetzt nur noch qualvoller werden konnte, weil alles so erbärmlich langsam ins Ende ging. Zur gleichen Zeit aber versuchte ich jedes Treffen, dass ich mit irgendeinem Freund hatte, als etwas Besonderes zu erleben, da mir auch bewusst war, dass das Ende meiner Zivildienstzeit, und damit meiner Zeit hier in Ecuador, nahe stand. Und irgendwann, nachdem meine Familie, mit der ich einen der schönsten Urlaube machen konnte, wieder Nachhause flog, wollte ich einfach nichts mehr von dem wissen, was J1W schrieb, dachte oder machte – ich konnte ja doch nichts ändern.

ALLES AUS ?

ÜBER MEINEN LETZTEN VERSUCH DOCH NOCH IRGENDWIE DEN ARBEITSSEKTOR IRGENDWEM ZU ÜBERGEBEN

Und so kam es, dass ich mir nach und nach bewusster wurde, dass es mit meinem Arbeitssektor zu Ende ging. Im Markt erzählte ich weiterhin die Geschichte, dass jemand kommen würde, der den Sektor Markt übernehmen werde, obwohl ich nicht wusste, was wirklich passieren würde.

Schließlich unternahm ich noch einen letzten Versuch meinen Arbeitssektor zu „retten". Ich machte mir jedoch schon vorher klar dass, falls kein Interesse von der Projektseite kommen würde, ich keinen weiteren Versuch mehr unternehmen würde, um dem Sektor zu helfen.

Ich präsentierte also Jonny, dem Projektkoordinator (von Sto. Domingo) meine Idee, die sich mit dem Weiterführen des Sektors, durch einen Ecuadorianer, beschäftigte.

Ich stellte mir das Ganze so vor:

Da mir vom Padre gesagt worden war, dass das Projekt kein Budget mehr für dieses Jahr übrig hätte, aber es möglich ist einen weiteren ecuadorianischen Educador für das nächste Budget-Jahr einzuplanen, wollte ich einen Kompromiss erzielen, dieser besagte, dass ich aus Europa bis zum nächsten Budget-Jahr den ecuadorianischen Educador bezahlen würde, finanziert aus Spendengeldern. Der Ecuadorianer sollte gleich anfangen die Arbeit im Sektor kennenzulernen. Eine, meiner Meinung nach sehr qualifizierte Person, hatte ich bereits gefunden. Marlon, ein farbiger Ecuadorianer, der ein Freund von mir war und schon Erfahrungen mit den Straßenkindern auf freiwilliger Basis machen konnte.

Am Anfang funktionierte alles relativ reibungslos und Jonny gefiel die Idee anscheinend ganz gut. Bis zu dem Zeitpunkt, als wir eine Art Bewerbungsgespräch mit Marlon realisierten, war Jonny einverstanden mit meiner Idee. Er musste ja zu

100% einwilligen, ansonsten sah ich keine Chance für Marlon. Bei diesem Gespräch wurde aber klar, dass Jonny schon vorher gewusst hatte, wie das Bewerbungsgespräch ablaufen würde und dass er Marlon nie akzeptieren würde, als Educator im Projekt.

Ob es nun wegen seiner offiziellen Begründung war, dass ein „Negro" (span. Schwarzer) im Sektor Markt keine Anerkennung von den Leuten dort finden würde, weil sie rassistisch eingestellt waren, oder ob es nun wegen seines eigenen Rassismus war, kann ich selber nicht beantworten. Er hatte sicher mit einigen seiner Begründungen Recht. Ein Lösungsvorschlag, um dieses Problem zu beseitigen, kam aber weder von seiner, noch von der Projektseite – und das war es, was ich mir eigentlich erwartete. Das Problem wurde viel eher totgeschwiegen und einfach ignoriert, auch in Teambesprechungen wurde es nicht angesprochen.

Ich für meinen Teil war mir nun klar, dass ich auf verlorenen Posten kämpfte. Weder aus Österreich war Hilfe zu erwarten, noch aus Ecuador selber. Wenn aber nicht einmal das verantwortliche Sozialprojekt vor Ort die Wichtigkeit der Weiterführung des Sektors Markt begriff, wer sollte es dann kapieren? Für mich hieß das im Konkreten, dass sowohl ich, als auch das Projekt Fehler gemacht hatten, in einer Rechnung, die nun nicht aufzugehen schien. Das Projekt, in der Person von Jonny, interessierte sich viel zu wenig für meinen Sektor, das wurde mir v.a. Bewusst, als ich in meine Kalenderbücher sah, wo verzeichnet war wie oft und wann Jonny z.B. auf den Balcon oder in den Markt kam, um einfach ein etwas an diesem Sektor teilhaben zu können. Es war bedrückend wenig: ca. 3 Mal in den gesamten 14 Monaten. Ein, für mich, unzureichendes Ergebnis.

Ich, für meinen Teil, hatte den Fehler gemacht, dass ich den Sektor nie wirklich im Projekt selber präsentierte bzw. veranschaulichte. Ich dachte, dass das nicht nötig wäre, da es doch in allen Sektoren um das gleiche Problem, der Kinderarbeit, ging. – Anscheinend hatte ich zu kurzsichtig gedacht.

Deswegen, und weil ich sowieso keine Kraft mehr hatte, beschloss ich nichts mehr in Richtung „Weiterführung des Arbeitssektors Markt" zu unternehmen, falls nicht zumindest der Anstoß dazu vom Projekt selber kommen würde.

Ich vertrat also ab diesem Zeitpunkt die Meinung, dass sich das Projekt, in Punkto

Sektor Markt, nur noch selber helfen konnte, indem es endlich Initiative zeige. Initiative, die auch mir zeigen würde, dass ich eben nicht umsonst 14 Monate in diesem Sozialprojekt gearbeitet hatte.

Es machte mich traurig, dass ich mir diese Selbstbestätigung immer wieder selber beschaffen musste, durch Leute die mir das explizit sagten und mir unabhängig vom Projekt bei meiner Arbeit halfen.

MEDIENRUMMEL

WELCHE BEDEUTUNG ICH IN DER ANKUNFT DER NATIONALEN ÖSTERREICHISCHEN MEDIEN SAH UND WIE SICH SOLCHE BESUCHE GESTALTEN

Ca. einen Monat vor meinem Einsatzende kam es dann zu einem Medienbesuch aus Österreich. Der ORF, Kurier, Ö1 und Radio Stephansdom wollten über Ecuador bzw. das salesianische Hilfsprojekt berichten. Anlass dafür war die Qualifizierung Ecuadors, bei der Fußball-WM 2006 in Deutschland. Deswegen kam v.a. der ORF, der dann vor den WM Spielen Einschaltungen über Ecuador und Sozialprojekte in Ecuador, in Verbindung mit Fußball brachte. Ich wusste natürlich Anfangs nicht, was ich von all dem halten sollte. Je mehr ich aber darüber nachdachte, wurde mir klar, dass ich diesen Medienrummel auch für mich, und meinen Sektor verwenden konnte.

Ich hatte im Grunde 2 Möglichkeiten: die Protesthaltung und die Präsentationshaltung. Nachdem ich Hilfe aus Österreich sowieso schon lange abgeschrieben hatte (zumindest von meiner Trägerorganisation), für die die Protesthaltung optimal gewesen wäre[1], entschied ich mich für die Präsentationshaltung.

Dazu sollte man fairer Weise sagen dass, falls ich und mein Sektor eine Protesthaltung eingenommen hätte, wahrscheinlich sowieso nichts davon in Österreich gemerkt worden wäre[2].

Weshalb aber die Präsentationshaltung? - Nun, dazu muss ich meine Gedankengänge näher erklären:

---

1 zumindest um meine Unzufriedenheit auszudrücken und den Leuten klar zu machen, dass etwas passieren muss, und ich weder Zeit noch Geld dazu hatte.

2 es wäre sicher nicht in Österreich ausgestrahlt worden (Zensur / Nichtwahrnehmung von Problemen / ignorieren)

Wie schon vorher geschrieben, glaubte ich auf eine „Rettung" durch meine Österreichische Trägerorganisation schon lange nicht mehr, war mir aber da gar nicht so sicher ob das auf die Ecuadorianer auch zutrifft. Das heißt, ich beschloss, falls die Medien meinen Arbeitssektor auch sehen wollten, diesen so gut wie möglich zu präsentieren, aber keinesfalls die Probleme, die mit der Weiterführung bestanden anzusprechen. Diejenigen, für die ich das machte, waren nicht die Österreicher oder das Fernsehteam, nein – viel besser noch - es sollte für den Projektkoordinator in Sto. Domingo sein – und er wusste ja eigentlich von den Problemen. Ich wollte mit dieser Strategie wieder das Interesse für die Weiterführung des Sektors stärken, und klar machen, dass die Arbeit im Sektor Markt benötigt wird und gut gemacht wird. - Alles weitere sollte vom Projekt selber kommen, entfacht durch das neue Interesse am Markt, und dem Bewusstsein, dass es ja eigentlich auch ihr Verantwortungsbereich war.

Als die Medien dann nach Sto. Domingo kamen, brachte ich ein Geschenk aus Kolumbien (ich war am Wochenende zuvor in Kolumbien und hatte kolumbianischen Kaffee gekauft) mit in das komfortabelste Hotel in Sto. Domingo (Hotel Zaracay). Dort fand das gemeinsame Empfangsabendessen statt. Ich denke, dass ich mich gut mit den Leuten unterhielt, über alles mögliche was in Österreich gerade so ablief, was sie alles auf dem Plan hatten, was sie sich einen Arbeitssektor vorstellten, wie das so ist, wenn man Kameramann ist, und was einen Journalisten denn auszeichnet. - Am Schluss wurde klar, dass man auch meinen Sektor sehen wollte. Natürlich schwärmte ich dem Kameramann von den Motiven, die der Markt bot, vor und auch allen anderen riet ich unbedingt, zumindest zu einem Besuch auf den Markt zu kommen.

Allen war das anscheinend nicht recht, denn die Vertretung J1W die ebenfalls in der Person des Geschäftsführers anwesend war, drängte immer wieder, solange ich mich erinnern kann, zum Aufbruch, zu immer wieder neuen Zielen und Orten, so, dass eigentlich keine richtige Ruhe entstehen konnte.

Gott sei dank hatte ich sie schon alle „infiziert" mit dem Gedanken an den Markt. Und als wir dann die Calle Ambato, eine Marktstraße, die direkt im Marktgebäude endet entlangfuhren, konnte sich der Kameramann nicht mehr halten und sprang samt seiner Ausrüstung ab vom Pick-Up, um von der Straße Aufnahmen zu machen. - Ich

blieb natürlich bei ihm, denn ich sah schon, wie bekannte krumme Finger aus dem Sektor sich daranzumachen begannen, die Kamera zu begutachten. Ich denke aber, dass auch sonst nichts passiert wäre, da der Kameramann ein sehr bestimmtes Auftreten hatte, das an sich schon für Respekt sorgte.
Weiter ging es dann mit ein paar Kameraeinstellungen im Markt und einem Fernsehinterview mit mir, vor dem Markt, bzw. Radiointerviews am Balcon selber.
Auch die Kinder selber konnten ihr bestes geben, in Interviews über ihr Leben und den Markt, bzw. über „El Gato",also mich.
Alles in allem verlief natürlich alles viel zu schnell ab, aber ich konnte bemerken, dass Jonny ein funkeln in den Augen bekam und fast ein bisschen stolz darauf war, was ich alles geschafft hatte. Ich konnte auch bemerken, dass er jetzt den Balcon auf alle Fälle behalten wollte.
Ich hatte das Spiel gewonnen – zumindest vorerst!
Ich hatte endlich erreicht was ich wollte.
Am selben Abend, nachdem die ganzen Österreicher abfuhren, setzte ich mich mit Jonny zu einer „Tienda" in meinem Wohnbezirk und wir tranken 2 Biere, nach ecuatorianischer Art[1] und stießen auf das Wohl des Sektors Markt bzw. den „Balcon de la Sonrisa" an. Am darauf folgenden Montag wollte mir Jonny den Mann vorstellen, der weitermachen sollte, wenn ich fort musste.

---

1   man kauft eine Flasche Bier und bekommt ein kleines Glas dazu. Man leert nur wenig in das Glas und gibt dem Gegenüber das Glas, das Ex getrunken wird. Anschließend trinkt man selber die gleiche Menge, dann wiederholt man den Vorgang bis die Flasche Bier leer ist. Derjenige der die Flasche kauft bestimmt auch die Menge die Ex getrunken wird. Der Allererste Schluck wird immer auf den Boden geschüttet um die Erdgöttin Pacha Mama mittrinken zu lassen.

BUSFAHRTEN, DIE DEN TOD BRINGEN

ÜBER EINE BUSFAHRT, VON DER ICH BIS HEUTE NICHT WEIß, WAS ICH DAVON DENKEN SOLL

Nachdem ich wieder ruhiger wurde, da sich die Situation in meinem Arbeitssektor zu entspannen schien, wollte ich mir ein ruhiges Wochenende, abgeschieden von der Stadt, am Meer gönnen. Nach Mompiche sollte es gehen.
Ich bestieg also am Samstag in der Früh den Bus nach Leon bei Esmeraldas, um von dort aus nach Mompiche weiterzufahren.
Ich war natürlich besonders guter Laune, weil sich ja die Situation um den Markt beruhigte und so fing ich auch guten Mutes, mit meinem Sitznachbar zu plaudern an, über Gott und die Welt. Als wir uns gerade ein paar Kilometer nach Sto. Domingo befanden, hörten wir plötzlich ein lautes Geräusch. - Ein entgegenkommender Bus hatte uns bei einem Überholmanöver auf der linken Seite erwischt und in den Straßengraben abgedrängt.

> *...An und für sich ein Wunder, dass mir der[1] nicht schon früher passiert ist – bei der Fahrweise, wie sie die Fahrer hier draufhaben!*
> *Ich befand mich gerade auf der Fahrt nach Mompiche (um Energie zu tanken) zwischen Sto. Domingo und La Concordia und redete gerade mit meinem Sitznachbar über Gott und die Welt.*
> *Plötzlich bekamen wir einen Schlag auf die Karosserie mit – und dann ging alles extrem schnell: Während der Bus in den rechten Straßengraben abkam, begann jeder zu schreien und zu kreischen. Als schließlich der Wagen kippte und nach vorne schlittertem hatte ich Gott sei dank meinen Kopf schon mit meinen Armen in Schutz gebracht und hielt mich dabei am*

---

1 Unfall

vorderen Sitz irgendwie fest, bis die Karosserie endlich zu stehen kam. Die Schreie, die die Zeit hindurch angehalten hatten, wurden nun von manchen Stellen mehr, andere verebbten. Ich sah mich um, prüfte ob ich mich bewegen konnte und sah mich nach meinem Sitznachbar um, der sichtlich Probleme hatte. Erst jetzt fiel mir das ganze Blut auf. - Nach kurzer Zeit konnte aber auch mein Sitznachbar sich vollständig bewegen und entstieg dem Bus. - Die meisten Leute waren jetzt schon außerhalb des Buses. - Ich befand mich noch drinnen, weil ich eine Mutter mit ihrem Kind sah die Probleme hatten den Bus zu verlassen. Ich beruhigte das Kind, nahm es auf den Arm und beförderte es nach draußen, anschließend half ich noch der Dame aus dem Bus, die ziemlich durcheinander war, aber mittlerweile aufhörte zu schreien und stattdessen zu weinen begann. - Ich sah mich um, und fragte ob noch jemand Hilfe brauchen würde. Ich bemerkte, dass ich fast der letzte im Bus war. Als ich sah, dass mich niemand mehr benötigte, stieg ich zu den Seitenfenstern hoch, die nun nach oben zeigten, und stieg aus dem Bus. Jetzt, da ich auf der Straße stand, zeigte sich mir die Situation in vollem Ausmaß: Eine Frau rannte weinend, mit dem blutüberströmten Körper eines Kindes an mir vorbei, den Fahrer des Buses konnte man schreien hören, dass er es nicht mehr aushalten würde, und auf der Straße saßen blutüberströmte Leute mit Kindern. Rettung bzw. Ambulanz konnte ich noch keine entdecken. - Ich entdeckte mich selbst in sprachlosem Zustand.

Als ich mich wieder „fing", half ich den Leuten, den Bus wieder auf die Räder zu stellen, das Geschrei des Fahrers war schon nicht mehr auszuhalten. Inzwischen waren auch Einsatzkräfte gekommen und ich hörte jemanden schreien: „Oye Pana – Ya no podemos hacer mas . Salemos nos de aqui! - Mein Sitznachbar war es, der inzwischen eine Camionetta aufhielt um ins nächste Dorf zu gelangen – Er saß schon auf der Ladefläche und winkte mir zu aufzuspringen - ich sah kurz auf die Unfallstelle : wir konnten wirklich nicht mehr helfen.

Die Camionetta setzte sich in Bewegung, mit einem Sprung schaffte ich es noch auf die Ladefläche - und fort waren wir.

Später erfuhren wir, dass es angeblich 2 Tote gegeben hatte. Dem Fahrer mussten die Beine amputiert werden – deswegen also hingen sie regungslos vom Knie abwärts, als sie ihn vom Bus auf die Straße transportierten.

Ich setzte meine Fahrt nach Mompiche fort, mir ging jedoch der Gesichtsausdruck der schwarzen Frau, die mit dem regungslosen Körper des Kindes an mir vorüberlief nicht aus den Gedanken. - Ich verstand es immer noch nicht: Warum war mir sogut wie nichts geschehen? - Und aus diesem Grund schrieb ich ein „Gracias" in den Sand von Mompiche als ich ankam – Ich hatte das Bedürfnis „Danke" an jemanden zu sagen, der auf mich aufgepasst hatte...

Das verrückte an dieser Geschichte ist, dass mir wirklich nichts passiert ist, bis auf ein blutverschmiertes Hemd. Das Blut war aber noch nicht mal mein eigenes. Sicher sah man mich deswegen auf der ganzen weiteren Fahrt etwas schief an, mir war aber klar, dass es jetzt gar nichts bringen würde wenn ich wieder umdrehen und nach Sto. Domingo zurückkehren würde, ohne in Mompiche gewesen zu sein.

Trotzdem wurde mir bewusst, wie klein und unbedeutend ich bin und dass ich nur einen sehr geringen Einfluss darauf habe, was wirklich mit mir geschieht. Weiters wurde mir klar, dass es keinen Sinn macht etwas nicht zu machen weil es gefährlich sein könnte. Man darf sich einfach nicht von Angst das Leben vorbestimmen lassen. Angst, die noch dazu oft durch gesellschaftliche Zwänge aufgebaut worden ist. - Das Leben, hat man sowieso nicht in der Hand.

CHARLIE

DER NEUE EDUCADOR DER DEN ARBEITSSEKTOR ÜBERNEHMEN SOLLTE

Genauso wie Jonny es mir versprochen hatte, lud er am folgenden Montag dann „Charlie", der meinen Arbeitssektor übernehmen sollte, zu einer internen Projektfeier ein. Charlie wusste von unseren Plänen noch nichts. Im Laufe der Feier aber, klärte ich ihn über die Idee auf, den Sektor Markt weiterzuführen – und die Idee gefiel ihm von Anfang an gut. Da auch ich mich sehr gut mit Charlie verstand und außerdem er von der Projektleitung, also Jonny, vorgeschlagen worden war, war anscheinend der perfekte Mann gefunden.

Aber wer war eigentlich Charlie? - Er ist Ecuadorianer und arbeitete schon einmal als Educador im Projekt, als es aber zu Finanzproblemen im Projekt kam musste er entlassen werden. Obwohl er gute Arbeit leistete (man entließ Leute ohne Familie). Jetzt sollte er wieder ins Projekt einsteigen – ich freute mich schon auf die Einarbeitungsphase mit ihm. - Das heißt: Charlie freute sich über das Angebot und willigte mehr oder weniger sofort ein, als es ausgesprochen war. Das konnte er auch, denn auch er war, wie so viele Andere in Ecuador arbeitslos und verrichtete Gelegenheitsarbeiten, um sich über Wasser zu halten.

Es wurde bald klar, dass Charlie ein fähiger Educador war, und seine Arbeit bestens machte. Er verstand auch, worum es mir ging. Es machte mir sehr viel Spaß ihm alles im Markt zu zeigen und ihm auch die nötigen Leute bekannt zu machen, die ihm im Markt helfen konnten. Damit wir bzw. das Projekt den Vertrag über den Balcon verlängern konnten, war eine „Generalüberholung" des Balcons nötig, was wir natürlich gleich für eine Aktivität mit den älteren Jungs nützten. Weiters stand dann die Unterzeichnung des Vertrages, durch die Marktgemeinschaft, Charlie und Jonny an und eine Art Abschlussfest am Balcon, das meine offizielle Arbeit im Mercado Municipal de Sto. Domingo de los Colorados beendete. Im Vorfeld machte ich Charlie den Kindern bekannt, zeigte ihm die Familien und Schulen der Kinder und alles was so dazugehörte.

Das oben schon angesprochene Fest hatte die Aufgabe mein Ende klarzumachen, und den Anfang einer „neuen Ära" am Balcon, nämlich die ecuadorianische, einzuleiten. Charlie bekam noch den Auftrag eine Aktivität alleine zu organisieren, bei der ich nur vorbeikommen wollte, um zu sehen wie es lief – bevor es endgültig nach Österreich zurückgehen sollte.

Ich war zwar froh, dass ich den Arbeitssektor übergeben konnte, trotzdem war ich traurig „meine" Kinder „verlassen" zu müssen...es tat sogar weh...aber ich hatte zumindest die Genugtuung, dass ich etwas großartiges schaffen habe können während meines Einsatzes hier in Ecuador. Ich habe einen Arbeitssektor, der durch einen Österreichischen Zivilersatzdiener seinen Anfang nahm (durch meinen Vorgänger Rulo) über ein Jahr lang verbessert und ausgebaut. Am Schluss konnte ich diesen in ecuadorianische Verantwortung zurückgeben. -

Danke an alle, die das möglich gemacht haben, sei es nun durch finanzielle oder mentale Hilfe.

Einen Haken hatte die Sache natürlich – es fehlte Geld um ihn bezahlen zu können. Also machte ich mich daran die Umstände zu fixieren und Informationen einzuholen um alles zu arrangieren (4 Monatsgehälter = 4x200US$). Gott sei dank hatte ich den Rückhalt einiger Freunde in Österreich, und so war die Sache gegen Dienstag Abend fixiert.

Am nächsten Tag kam dann auch schon Charlie zur Arbeit.

Charlie war vor mehr als einem Jahr „Straßeneducador" im Proyecto Salesiano – wegen Finanzproblemen wurde er gekündigt.

Durch seine Erfahrung mit Kids verstand er sich auf Anhieb mit den arbeitenden Kindern im Markt.

Die Übergabe wurde wie folgt durchgeführt:

Kennenlernen des Sektors und des „Balcons", Kennenlernen einiger Familien, Restaurierung des Balcons, Erneuerung des Vertrags (Balcon), Abschlussaktivität mit Kindern und Müttern

DIE ABSCHIEDSREISE

ES BLEIBT NICHT MEHR VIEL ZEIT IN DIESEM SCHÖNEN LAND – WAS PASSIERTE ALLES IN DEN LETZTEN 2 WOCHEN VOR MEINER AUSREISE?

Als nun endlich die Übergabe erfolgreich durchgeführt war, konnte auch ich mich mehr auf meinen „Abschlussurlaub" konzentrieren. Ich hatte nur 2 Wochen Zeit für diesen, da ich schon sehr viel Zeit, meiner geplanten 4 Wochen für die Sektorenübergabe investierte. Dafür wollte ich umso intensiver und bewusster in Ecuador reisen. Mein Beförderungsmittel war, wie fast immer, der Bus. Da das öffentliche Verkehrssystem sehr gut ausgebaut ist stellt er die besten Möglichkeiten für Individualreisende, so wie auch ich es bin, dar. Man bleibt bei geringen Fahrtkosten relativ beweglich und flexibel, dabei sind spontane Entscheidungen ebenso möglich wie geplante Routen. Einzig und allein die Fahrzeiten lassen sich nicht immer frühzeitig erahnen, da es sehr auf Straßenzustand bzw. Terraingegebenheiten ankommt. Es gibt natürlich immer mehr als genügend Versorgungsmöglichkeiten, per ecuadorianischen Bordservice[1]. - Für mich war klar, dass ich die letzten Wochen in meinem Lieblingsgebiet, dem Küstengebiet verbringen wollte, und, dass ich alleine reisen wollte, also packte ich alles in einen kleinen Rucksack (man braucht ja nicht viel bei diesen klimatischen Gegebenheiten) und nahm nur das Nötigste mit. Meine Wohnung hatte ich geräumt und die wenigen Sachen die ich besaß zu Freunden gegeben, die darauf aufpassen sollten, bis zu meinem Abflug. Den Rest den ich hatte, also Möbel und diverses Zeug was sich so ansammelt in einem Jahr, schenkte ich Freunden, die Gebrauch dafür fanden.

Meine erste Station war nicht weit weg. Suco hatte mir angeboten, mich mit zu der Finca zu nehmen wo er ein Patenkind hatte. Ich nahm also die Einladung an und wir fuhren noch am selben Tag zu dieser Finca, wo auch er ein Gebiet gekauft hatte. Ich

---

[1] selbstgemachte Lebensmittel (ecuat. Fast Food) der von Ecuatorianern verkauft wird.

sah eine arme in ländlichen Verhältnissen lebende „Großfamilie", die aber glücklich lebte und sogar Visionen hatte von der Zukunft. Das soll heißen, dass das Leben der Familie grundsätzlich auf Selbstversorgung basierte, aber das Familienoberhaupt eine Talapia Fischzucht zu realisieren begann, um die Einkünfte zu steigern. Ich konnte so auch die ländliche Bevölkerung und deren Lebensweise kennenlernen (während meiner Einsatzphase lernte ich ja eigentlich „nur" die Stadtbevölkerung und deren Probleme kennen), die sich in gewaltigen Ausmaß von der städtischen unterscheidet. Hier, in diesem Dorf, wo ich nun war, gab es natürlich nichts was einem europäischen Wohlstandsgesellschafter gefallen konnte. Ich meine jetzt auf längere Sicht. Mir gefiel es trotzdem hier einen wunderschönen Tag mit Suco, dessen Familie, seinem Patenkind und der Familie von diesem, verbringen zu dürfen. Ich denke jeder sollte, falls er sich wirklich frei von materiellen Zwängen machen will, so leben wie diese Familie – die Meisten, würden es ablehnen, wahrscheinlich, weil es eben doch zu schwer ist, sich frei zu machen von materiellen Zwängen.

Am Abend traten wir dann wieder die Heimreise an, und am nächsten Tag, nachdem Sucos Frau ein sehr nahrhaftes Frühstück bereitete (ich übernachtete bei Suco und seiner Familie) das köstlich schmeckte, machte ich mich auf den Weg zum Terminal, um von dort aus zu meinem nächsten Ziel, nach Pedernales, zu fahren. Nicht mehr als 2½ Stunden dauerte die Fahrt, bis ich endlich am Pazifik ankam.

Ich lief gleich nach meiner Ankunft zum Meer und suchte mir anschließend eine „Bleibe", was ja auch nicht wirklich schwierig ist in Ecuador bzw. Lateinamerika, da eine sehr gute Infrastruktur bzgl. billiger Hostals[1] besteht. Ich warf meinen Rucksack in die Ecke, steckte mir 5 Dollar ein und versteckte mein restliches Bargeld anderweitig in dem Zimmer.

Nach einer Inka Cola[2] an einer gemütlichen Tienda, legte ich mich erstmal an den Strand, der jetzt, da keine Hauptsaison war, fast menschenleer war. Nachdem ich mich also ausgeruht hatte, begann ich in meinem Tagebuch die vergangenen Wochen festzuhalten, und nach einer Erfrischung im Pazifik ging's dann wieder an die Tienda,

---

1 meistens mehrere Schlafzimmer und gemeinsame Möglichkeit zu kochen und gemeinsame Toilette + Bad bzw. Dusche

2 peruanisches Getränk (ähnlich Cola)

um das eine oder andere Bier mit dem Ladenbesitzer zu trinken....kurz gesagt, ich ließ es mir gut gehen.

Am nächsten Tag verließ ich Pedernales schon wieder in Richtung Canoa – ein sehr ruhiges Dorf, indem ich mich sehr gut, mit den aus aller Welt kommenden Straßenkünstlern über die Handwerkskunst bzw. ihr Leben unterhielt.
Touristisch ist dieser Ort etwas attraktiver gestaltet, aber da ich mich ja, wie schon erwähnt, in einer sehr ruhigen Zeit befand, tat sich nicht viel in den Hütten. Gott sei dank, denn so hatte ich meine Ruhe und genügend Zeit um mit den Leuten zu plaudern.

Die Straßenkünstler sind eine eigene Gesellschaft, die für mich das moderne Nomadendasein repräsentiert. Diese Leute verstehen es nicht nur wunderschöne Gegenstände mit ihren eigenen Händen herzustellen und zu verkaufen, sondern sie haben auch sonst ein sehr reichhaltiges und vielseitiges Wissen aus allen Bereichen. Sei es nun Technik, Sprache, Geschichte oder Handel – sie verstehen, auch durch ihre Reiseerfahrungen, von allem etwas und sind zudem sehr stolze Leute, was wahrscheinlich davon kommt, dass noch vor einigen Jahren, diese Form der Arbeit offiziell, unter Androhung von Gewalt, verboten war. Die Arbeit, der sie nachgingen, bedeutete für die Künstler Freiheit, und war damit nicht erwünscht.

Ich hatte schon vorher Kontakt mit solchen Leuten, einer davon ist Alejandro – ein Chilene, den ich bei der Reise mit meinen Eltern kennenlernte.

Nun – es hielt mich auch hier nicht lange. Nicht, weil es mir nicht gefiel, sondern weil ich ja noch andere Ziele hatte, und als ich nach „Bahia de Caracez" mit einem Boot übersetzte, musste ich natürlich das blonde Mädel mit dem überdimensionalen Rucksack und dem vielen Gepäck fragen, ob ich ihr nicht helfen solle. - Bei dem anschließenden Gespräch kam raus, dass sie Schweizerin ist und 1 Jahr durch Südamerika reisen wird. Ich und Magie verstanden uns auf Anhieb gut und deswegen entschied ich mich, einen kleinen Teil ihrer Reise, als Begleiter und Weggefährte dabei zu sein. Ich konnte ihr gut behilflich sein mit meinem Spanisch und meinen Kenntnissen über Ecuador. Sie war für mich wieder Mal ein europäischer Einfluss und Gesprächspartner. So waren wir gemeinsam von Bahia de Caracez nach Manta gefahren, wo sie einen Teil ihres Gepäcks, dass auch aus Geschenken für Freunde,

Mitbringsel und Andenken bestand, nach Hause in die Schweiz schicken wollte. Manta ist eine größere Stadt am Meer, die jegliche Vor- (z.b. Internet und Kommunikation) und Nachteile (z.b. Verkehr) der Zivilisation zu bieten hat. Zu solcher „Größe" wurde ihr aber erst durch den geografisch Nahe gelegenen US-Militärstützpunkt verholfen. Die imperialistische Großmacht braucht natürlich die Beste Versorgung für ihre Soldaten im Ausland.

Wir blieben also nicht lange und begaben uns über „Monte Cristi", einer wunderschönen kleinen Stadt, die am Fuße eines Berges liegt, weiter nach Puerto Lopez, einem malerischen Fischerdorf mit touristischen Ambitionen. Puerto Lopez ist ein typisches ecuadorianisches größeres Dorf, verfügt zudem über ausgezeichnete, preiswerte Unterkünfte und einen idyllisch aussehenden Strand mit Palmen und Fischerbooten. Wir genossen 2 Tage den ruhigen, entspannten Flair, ehe wir uns entschlossen weiter nach „Punta Montanita" zu fahren, dass nur ca. 1 Stunde weiter südlich lag. - Montanita kannte ich ja schon von Silvester, dennoch erlebte ich es jetzt wieder anders. Obwohl man noch immer Tag und Nacht feiern konnte, und das halbe Dorf in US-amerikanischen bzw. europäischen Besitz ist, gefiel es mir. Wahrscheinlich, weil hier die überaus größte Zahl der fahrenden Straßenkünstler zu finden war, die aus ganz Südamerika und auch Europa kamen. Ich hatte so die Möglichkeit, mit anderen Südamerikanern zu reden und auch über viele Länder etwas zu hören, die ich ja eigentlich nur aus Atlas oder Reiseführern kannte.

Am Ende begleitete ich Magie noch nach Salinas, von wo aus sie die Grenze nach Peru mit einem Bus überschritt. Salinas ist sicher keine Stadt für mich. Man nennt es: das Miami von Ecuador – weil am Strand die Hochhäuser stehen und - wahrscheinlich – weil es hoffnungslos übertuert ist. Wir bezogen, mehr oder weniger in einem Luxushaus Quartier, dass privat vermietet wurde. Die Besitzer waren äußerst freundlich, aber die Atmosphäre war mir trotzdem zu gezwungen.

Und dann hieß es Abschied nehmen von Magie, als sie gegen Abend Ecuador verließ. - Ich hatte meinen südlichsten Punkt in Ecuador erreicht und musste auch wieder weg. Länger hätte ich es wahrscheinlich nicht ausgehalten in Salinas, nicht mal finanziell. Mein Geldbeutel war schon überbeansprucht worden durch die letzten Tage und trotzdem waren es schöne Tage.

Ich fuhr also wieder zurück nach Montanita. Inzwischen war das Wochenende vorbei und es wurde wieder ruhiger hier, aber nach dem ersten Tag bemerkte ich, dass ich ein Problem hatte. Nachdem ich gesehen hatte, dass es einen Geldautomaten in Montanita gab, wollte ich hier Geld abheben, da, wie schon erwähnt, die letzte Woche finanziell „stärker" ausfiel. Nur dieser Automat funktionierte plötzlich nicht mehr – und ich stand mit einem Dollar da und wusste erst nicht was ich machen sollte. Wie immer in solchen Situationen suche ich erstmal einen Platz, um mich hinzulegen und eine Zigarette zu rauchen. Als mir auch noch keine Idee kam, nachdem ich am Strand eingeschlafen und wieder aufgewacht war, ging ich erstmal wieder zurück ins Dorf und begann mit einem Chilenen zu quatschen. Erst über belanglose Dinge, dann über meinen Zivilersatzdienst.

Da das Gespräch wirklich interessant war, lud ich ihn mit meinem letzten Dollar auf einen „Milchshake" ein. Als er mitbekam, dass das mein letztes Geld war fragte er mich, ob er mir etwas Geld borgen solle. - Ich fragte, wie viel er mir leihen könne, und wie lange er noch in Montanita sein werde. 5 Dollar – das war alles was er heute eingenommen hatte, aber er wollte mir den Schein borgen. Obwohl wir nicht einmal die Namen voneinander wussten.

Ich bedankte mich, versprach in 2 Tagen wieder zurück zu sein, holte meinen Rucksack und verschwand. Mir war eine Idee gekommen: mit den 5 Dollar kam ich zurück nach Puerto Lopez und weiter nach „Machalilla", wo mein Freund Cristobal wohnt – er konnte mir sicher Geld borgen, um weiter zurück nach Manta zu kommen, wo es auch Geldautomaten gibt. Und genauso machte ich es. Cristobal ließ mich nicht im Stich, und auf meiner Rückfahrt gab ich ihm natürlich sein Geld zurück. Pünktlich nach 2 Tagen, kam ich zurück nach Montanita und suchte erstmal den Chilenen. Nach einer kleinen Tour durch das Dorf traf ich ihn mit 3 Argentiniern am Boden sitzen und Mate` schlürfen. Er grüßte mich und lächelte als er mich sah. Ich tat es ihm gleich, gab ihm seinen Schein zurück und fragte nach seinen Namen – Pedro hieß er, und sagte: Ich wußte ja, dass du wiederkommen würdest – dein Wort zählt! - Ich fühlte mich natürlich geehrt und ehe ich mich versah, wurden wir von den 3 Argentiniern zu einem Bier eingeladen. - Später sagten sie mir, dass sie in dem Haus wo sie gerade wohnen, eine kleine Feier machen wollten, falls ich Lust hätte, könnte ich auch kommen. Außerdem könne ich in ihrem Haus schlafen, wenn ich wollte. - Das traf sich gut, weil ich mich ja noch sowieso nicht nach einem Hostal umgesehen hatte, und so verbrachte ich die Nacht im „argentinischen Haus".

Die 3 Gastgeber waren Söhne eines Argentiniers, der in Buenos Aires einen Pizzaladen hatte. An diesem Abend gab es natürlich selbst gemachte argentinische Pizza für alle die kamen.

Sie durchquerten Südamerika auf den Spuren „Che Guevaras", und verdienten ihr Geld, um das machen zu können, mit selber hergestellten Kunsthandwerk, verkaufen von vorzüglichen Pizzas und allen möglichen anderen Sachen die sie wussten und konnten. Der Abend verlief gemütlich und ich war wieder einmal überwältigt von der vielseitigen südamerikanischen Kultur und deren Hilfsbereitschaft. Ich sah in den Augen ein funkeln, dass mir sagte, dass der Wille, etwas zu verändern, noch nicht erloschen ist , anders wie ich es schon so oft gesehen hatte.

Am nächsten Morgen, als ich aufstand wollte ich eigentlich noch nicht los. Es wäre noch soviel interessantes zu lernen und reden gewesen. Ich musste aber, denn das Ende rückte immer näher, und ich wollte auch meine Freunde in Sto. Domingo ein letztes Mal besuchen – also verabschiedete ich mich, setzte mich in den Bus und fuhr los.

Ich denke, dass ich die Abschlussfeier, die ich als ich nach Sto. Domingo kam organisierte, nicht näher ausführen brauche. - Ich mietete eine Wohnung, die im Wohnblock, wo meine Freunde Marlon und Adolfo wohnten war, und es gab eben eine ausgelassene Feier am Dach des Hauses – mit Blick über Sto. Domingo. Vorher nahm ich noch an der Aktivität, die Charlie für die Kinder organisierte teil und vergewisserte mich, dass das alles auch in Ordnung geht. Am nächsten Tag ging es (ohne auch nur eine Minute geschlafen zu haben) auf die Finca von Nachi[1] die mich mit meinen Freunden eingeladen hatte, diese kennenzulernen. - Ein Erlebnis, dass ich auf keinen Fall missen möchte, obwohl ich natürlich sehr mitgenommen vom Vortag war.

Und dann ging es mit meinem Gepäck (soviel hatte ich nicht, ich hatte fast alles, dass ich aus Europa mitgebracht hatte, in Ecuador gelassen und die Sachen gegen

---

1 Ecuadorianerin die eine Bar in meinem Wohnbezirk betreibt

ecuadorianisches Material ausgetauscht) auf nach Quito, wo ich noch 2 Tage hatte, um mich endgültig von Ecuador loszureißen.

Kurz und gut, ich versäumte fast den Flug, weil er aus irgendwelchen Gründen vorverlegt wurde. Ich hatte also gar keine Zeit mir noch mehr Gedanken zu machen als ich mir ohnehin schon vorher machte. - Ich stieg schlussendlich ins Flugzeug ein und sah noch einmal aus dem Fenster.

Das war's also, dachte ich mir, und in Gedanken war mir bewusst, dass ich einen Traum gelebt hatte, und dieser gerade zu Ende ging.

5   ...UND WIEDER ZUHAUSE
von der Ankunft in Österreich bis Ende 2006 – anstatt des Nachwortes

WAS SICH ZUHAUSE ALLES ABSPIELT

...und nach ein „paar" Stunden war ich dann wieder Zuhause. Besser gesagt: ich kam in Wien am Flughafen an und wurde von meiner Familie empfangen, anschließend ging es dann mit dem Auto nach Linz, wo auch meine Großeltern warteten. Zum Ersten Mal sah ich meinen Großvater mit Tränen in den Augen, als ich ihn umarmte, und alle um mich herum waren natürlich bester Laune, weil ich wieder zurückgekommen war.

Die nächste Zeit verging wie im Flug. Ich verbrachte sie damit, Leute wieder zu sehen und zu feiern bzw. das europäische Nachtleben zu genießen, und bald begann dann die Realität wieder nach mir zu greifen.

Ich wollte mich natürlich nicht gleich in ein Studium stürzen oder arbeiten gehen sondern erstmal richtig zurückkommen und zur Ruhe kommen. Dafür nahm ich mir 3 Monate Zeit und wollte mich bei meinem Vater mitversichern lassen. - Aber Vater Staat hatte da anscheinend was dagegen. Man ließ dies nicht zu, weil meine Reifeprüfung (Matura) schon 2 Jahre her war....Aber irgendwie musste ich mich versichern. Geld hatte ich natürlich keines, aber als mich diese Nachricht erreichte, war ich ziemlich sauer und entschloss, mich eben kurzerhand arbeitslos zu melden, um wenigstens versichert zu sein. Für mich stand natürlich schon vorher fest, dass ich keine Arbeit suchte, weil ich ja zuerst einmal zurückkommen wollte.

Was ich damit sagen will ist, dass man im Endeffekt zu solchen Handlungen gezwungen ist. Es gibt keine Alternative. Ich wollte kein Arbeitslosengeld, ich wollte nur versichert sein, da das aber nicht geht, bezog ich eben 3 Monate lang ein Arbeitslosengeld von knapp 700€. Für mich war das nun die Bestätigung meiner bisherigen Vermutungen, die ich seit meiner Ankunft hatte: in Österreich regiert ein verdrehtes System, wie sonst wäre es möglich, dass jemand der noch nie ein längeres Arbeitsverhältnis als 2 Monate hatte, einen solchen Bezug hat? - Gleichzeitig wurde mir aber die nicht vorhandene Kompetenz des AMS in Österreich bewusst, was mich natürlich erschaudern ließ. In meiner Situation war es natürlich Glück – aber falls man wirklich Arbeit suchen sollte, ist es einfach nur traurig was da so abläuft. Allenfalls ist man besser beraten auf eigene Faust einen Job zu suchen, das gefällt den Firmen sowieso besser.

Die erste Zeit läuft natürlich wie ein Film ab und irgendwann beginnt man sich darüber zu ärgern, dass man immer und überall der Letzte ist bzw. man den Bus immer versäumt. Ich hab mir Gedanken darüber gemacht, weil ich es einfach nicht verstand. Ich bin in Ecuador beim Denken und Handeln sicher nicht langsamer geworden! Und dann begann ich zu verstehen, dass einfach die Sachen anders ablaufen und ich deswegen Probleme hatte Schritt zu halten bzw. nicht zu spät zu kommen. Wenn ich das Beispiel mit dem Bus hernehme: in Ecuador konnte ich dem Busfahrer mit einem Wink auf jedem beliebigen Teil der Straße aufhalten. In Österreich hingegen gibt es nur einige wenige Haltestellen. Immer wenn mir Busse davonfuhren, machte ich sofort den bekannten Wink mit dem Zeigefinger Richtung Straße – nur in Österreich reagiert eben niemand darauf.

Am Anfang war ich oft in Supermärkten „gefangen", weil mich die Produktvielfalt derart überwältigte, dass ich mich nicht entscheiden konnte. Folgen davon waren natürlich wieder Probleme mit dem Bus. Es gibt noch viele solcher direkten Problemchen, die sich aber dann nach und nach geben, v.a. wenn man wieder einen „geregelten" Tagesablauf anstrebt – so wie ich es tat.

ÜBER DEN BLÖDSINN DER EINEM ERZÄHLT WORDEN WAR

Viele Leute haben mir vor meiner Abfahrt nach Ecuador viel zu viel Blödsinn über das Zurückkommen gesagt.
Was ich jetzt weiß ist, dass sich jede Rückkehr immer etwas anders gestalten wird und dass es eben keinen konstanten rationell erklärbaren Faktor gibt.
Natürlich kam auch viel Blödsinn über das Land selber (bzw. Lateinamerika im allgemeinen) aber grundsätzlich erinnere ich mich an eine Sache, die sich eben im Nachhinein so nicht sagen lässt, wie sie mir gesagt wurde.
Irgendjemand hat die These aufgestellt, dass man sich bei einem längeren Auslandsaufenthalt „irrsinnig" weiterentwickelt, während die Zurückgebliebenen „stehenbleiben" - jeder der das behauptet ist für mich ein ignoranter Vollidiot.
Wahrscheinlich wurde dieser Satz nur erfunden, um sich von der Masse abheben zu können. Ich weiß Gott sei dank, dass er nicht stimmt.
Denn: Jeder entwickelt sich durch die Einflüsse die er tagtäglich erlebt, durch die Kultur die ihn umgibt und die Interessen, die er und sein Umfeld zeigt. Ich habe gesehen, dass sich jeder meiner Freunde weiterentwickelt hat, aber eben in eine andere Richtung als ich es tat. Teilweise habe ich auch gesehen, dass ich mich von manchen Leuten soweit entfernt habe, dass ich nichts mehr mit ihnen zu tun haben will, wobei das nicht böse gemeint ist. So wie ich es sehe, sollte man eine Freundschaft nicht zwanghaft aufrecht erhalten müssen, nicht zuletzt deswegen weil ja durch jede Zerstörung wieder Platz für Neues ist, und somit alles einen Sinn ergibt.
Der Mensch ist eben ein dynamisches nicht konstantes Wesen.

WENN DIE ARBEIT ANFÄNGT

Tja – und selbst ich kann nicht von Luft und Liebe leben – auch wenn ich es mir schon einmal vorgenommen hatte. So ist auch klar, dass ich nach meinen 3 Monaten, die ich zum Ankommen brauchte, eine Entscheidung fällte wie es nun weitergehen sollte. Die Entscheidung hieß: erstmal arbeiten und Geld verdienen und dann sehen ob mich ein Studium interessiert. Klar war, dass ich ein Studium, in welche Richtung auch immer, nicht ohne diese Arbeitszeit machen wollte, denn eine Arbeitsphase an sich bedeutet ein hohes Maß an Erfahrung, außerdem wollte ich meinen Eltern nicht auf der Tasche liegen. Ich begann also mich bei Firmen im technischen Bereich zu bewerben, als technischer Angestellter für den CAD Bereich[1] – kurzum: das was ich gelernt hatte.
Bei 15 Firmen bewarb ich mich, und alle wollten mich einstellen.
Also entschied ich mich für die Firma, die mir am sympathischsten war, ein kleiner 6 Mann Betrieb, ein kleines technisches Büro. Das Betriebsklima war auffallend gut und angenehm, man pflegte einen lockeren Umgangston und auch Sachen wie Überstunden bzw. Überstundenausgleich wurden locker gehalten. Alles in allem ein angenehmer Arbeitsplatz. Klar musste ich mich Anfangs sehr zusammennehmen, dass meine Konzentration vor dem Rechner nicht flöten ging (ich war das arbeiten auf Computern nicht mehr gewöhnt), aber der Mensch ist ja bekanntlich auch ein Gewohnheitstier und so konnte ich bald alle Aufgaben die man mir stellte lösen. Natürlich lernte ich auch eine Menge neuer Sachen im technischen Bereich, aber bald war mir klar, dass ich nicht ewig Techniker sein konnte.
Mit Geld hatte das, um genau zu sein, gar nichts zu tun. Viel eher fehlte mir der Sinn meines Schaffens – ich wurde einfach nicht glücklich davon, trotzdem war ich froh es gemacht zu haben um es kennenzulernen, zudem war mir bewusst geworden, dass ich immer Arbeit finden würde, bzw. verstand ich teilweise nicht, was mit Arbeitslosigkeit in Österreich gemeint war.

---

1   auch weil ich die Ausbildung, die mir meine Eltern ermöglicht hatten nicht ungenützt in einer Ecke stehen lassen wollte, ohne in diesem Bereich je gearbeitet zu haben (Technik)

WAS INZWISCHEN IN ECUADOR ABLÄUFT

Juan Carlos alias „Charlie" führte meine Arbeit am Sektor Markt weiter, bezahlt wurde er, wie weiter oben schon angesprochen, durch Spendengelder die ich privat auftrieb. Jeden Monat überwies ich 200 US$ über Western Union nach Ecuador / Sto. Domingo und erhielt im Gegenzug dazu einen Bericht über die Situation im Markt – ähnlich der Berichte, die ich selber ins Internet stellte. Nach den 4 Monaten wurde wieder jemand anderes eingestellt, der weitermachte am Markt, weil Juan Carlos aufgab. Für mich selber herrschte lange Zeit eine Ungewissheit die mich plagte. Als ich dann durch eine Nachricht mitbekam, dass es weiterging am Markt, war ich erleichtert, und konnte wieder Motivation finden etwas für Ecuador zu tun. Ich startete also ein neues Projekt für die Kinder in Sto. Domingo. Mit Informationstagen und Vorträgen in Oberösterreich sammelte ich Geld, um dieses Projekt realisieren zu können. Parallel zu dieser Öffentlichkeitsarbeit schaltete ich mich wieder in Kontakt zum Projekt in Ecuador um gemeinsam mit den „Educadoren" die Kooperationen auszuarbeiten und schlussendlich umsetzen zu können.

...UND WAS HABE ICH DABEI GELERNT

Ich denke, dass ich gelernt habe, eine Lebensart zu finden die mich glücklich macht.
Am Besten wird das vielleicht so beschrieben: Bewusst irrational leben. Ich habe den Glauben an die Rationalität abgegeben – einfach deshalb, weil sich soviel nicht rational erklären lässt.
Unbegründete Angst vor Lebenssituationen, die ich natürlich, so wie jeder andere auch hatte, konnte ich nach meiner Erfahrung in Ecuador viel leichter unter Kontrolle bekommen. Zudem wurde mir bewusst, dass so viele Ängste nur künstlich am Leben gehalten werden, um mehr Kontrolle über die Massen zu bekommen.
Ich glaube, dass jeder nach seinem persönlichem Glück im Leben suchen sollte ohne alle Seiten rational zu beleuchten.
Sicher bin ich in Ecuador auch genügsamer mit meinen eigenen Ansprüchen geworden und deswegen überrascht mich auch die Leichtigkeit, mit der in Österreich ein akzeptables Gehalt erreicht werden kann.

Die Frage, was denn der letzte Satz sein sollte, in diesem Buch, war wirklich nicht leicht zu beantworten und nach längeren Überlegungen möchte ich einen Satz stehen lassen, der für mich alles in dieser Zeit beschreibt:

In Ecuador wußte ich, warum ich jeden Morgen um 08:00 Uhr im Arbeitssektor war und meiner Arbeit nachging – es machte Sinn und außerdem mir bewusst, dass jetzt der Zeitpunkt gekommen ist wo wir beginnen sollten unseren Anteil am Ganzen zu erkennen! – Jeden Tag, jede Stunde, jede Minute - immer!